ROYAL HORTICULTURAL SOCIETY
DK GARTENTIPPS

ROSEN

ROYAL HORTICULTURAL SOCIETY
DK GARTENTIPPS

ROSEN

LINDEN HAWTHORNE

DORLING KINDERSLEY
LONDON • MÜNCHEN • NEW YORK • SYDNEY

DORLING KINDERSLEY

PRODUZIERT FÜR DORLING KINDERSLEY VON PAGEONE
Chesham, Buckinghamshire
PROJEKTBETREUUNG Charlotte Stock
GESTALTUNG Suzanne Tuhrim

REIHENBETREUUNG Pamela Brown
REIHENBILDBETREUUNG Stephen Josland

CHEFLEKTORAT Louise Abbott
CHEFBILDLEKTORAT Lee Griffiths

HERSTELLUNG Ruth Charlton, Mandy Innes

Die Deutsche Bibliothek – CIP-Einheitsaufnahme

Ein Titeldatensatz für diese Publikation ist bei
der Deutschen Bibliothek erhältlich.

Titel der englischen Originalausgabe:
Roses

Übersetzung Andrea C. Busch
Lektorat Ulrike Kerstiens, Meckenheim
Redaktion und Satz Verlagsservice Monika Rohde, Bonn

ISBN 3-8310-0101-4

Besuchen Sie uns im Internet
www.dk.com

INHALT

ROSEN IM EIGENEN GARTEN

WAS SIND ROSEN?

ROSEN SIND BESTIMMT DIE ROMANTISCHSTEN und beständigsten aller Blumen und seit Menschengedenken in Kulturgärten zu finden. Seit vielen Jahrhunderten werden sie wegen der schönen, zarten und häufig wunderbar duftenden Blüten sehr geschätzt. Begehrt sind aber auch Wurzeln, Blätter und Hagebutten für medizinische Zwecke sowie die duftenden Öle. Rosenöl verleiht auch modernen Parfums noch immer einen ausgesprochen femininen Touch. Rosen sind heutzutage aus keinem Garten mehr wegzudenken.

DIE ROSENFAMILIE

Die Gattung *Rosa* ist eine der größten in der Pflanzenfamilie *Rosacea*. Zu ihr gehören über 150 Arten laubwechselnder und halbimmergrüner Strauch- und Kletterrosen. Begeisterte Rosenzüchter haben Tausende von Kultursorten geschaffen. Einige der heute angepflanzten Rosen gab es bereits in vorrömischer Zeit, und auch in einem mittelalterlichen Klostergarten hätte man sie entdeckt. Die meisten Sorten entstanden jedoch ab der Mitte des 18. Jahrhunderts. Immer noch kommen jährlich neue Rosen in allen Größen und Klassen auf den Markt, die auch den kleinsten Garten mit Duft und Anmut bereichern.

DUFT UND SCHÖNHEIT *Die moderne, büschelblütige ›Fragrant Delight‹ vereint klassische Schönheit mit zartem Duft. Sie blüht den ganzen Sommer über.*

◄ ROSENFÜLLE *Der Gartenweg führt durch einen bunten, duftenden Rosentunnel.*

Was spricht für Rosen?

Die meisten Gärten, ganz gleich in welchem Stil sie gestaltet sind, gewinnen durch Rosen. Wer Rosen erst einmal kennen und lieben gelernt hat, gibt sich nur selten mit einer einzigen zufrieden.

Es gibt Rosen in so vielen Formen, dass der Phantasie beim Gestalten keine Grenzen gesetzt ist. Traditionell werden großblumige und büschelblütige Beetrosen (Edelrosen und Floribunda-Rosen) wegen ihrer aufrechten Wuchsform gern für klassische Rosenbeete eingesetzt. Sie sind jedoch so vielseitig, dass man sich beim Pflanzen nicht auf reine Rosenbeete zu beschränken braucht.

Alte und moderne Strauchrosen eignen sich ideal zur Gestaltung von gemischten Rabatten). Besonders gut harmonieren sie mit anderen duftenden Sträuchern wie *Philadelphus* (Pfeifenstrauch, falscher Jasmin), sommerblühenden Zwiebelgewächsen und Stauden. Remontierende (öfter blühende)

Strauchrosen bereichern Beete mit Stauden und Zwiebelgewächsen

Rosen, ob einzeln oder mit anderen Pflanzen kombiniert, bieten den ganzen Sommer über einen farbenprächtigen Anblick.

Rosen für jede Gelegenheit

Einige Rosensorten eignen sich hervorragend als Bodendecker. Die dichten Büsche mit ihren kleinen Blättern lassen nur wenig Licht an den Boden, so dass kaum Unkraut aufkommt. Bodendecker mit überhängendem Wuchs sind ideal für sonnige Hänge, Terrassengärten und sogar als Kübelpflanzen. Für sehr kleine Gärten eignen sich Patio- oder Miniaturrosen, die auch auf kleinem Raum viel bieten. Mit ihnen ist maßge-

KÜHL UND ELEGANT
›Schneewittchen‹ (›Iceberg‹) ist als Einzelrose und für niedrige Hecken geeignet. Die weißen Blüten harmonieren gut mit den Grün- und Silbertönen der Begleitpflanzen.

◀ TRADITIONELLER ROSENGARTEN
Mit Tauen verbundene Säulen werden von Kletterrosen überwuchert. Darunter ein Teppich aus Edel- und Floribunda-Rosen, die einen ganzen Sommer lang für Duft und Farbenpracht sorgen.

▼ ROSENMANTEL
Der Stamm dieses Baumes wird von der öfter blühenden ›Compassion‹ umrankt – einer Kletterrose auch für kleine Gärten.

schneidertes Gestalten auch in kleinsten Stadtgärten möglich, ob als Kübelpflanze oder im Beet oder Hochbeet. Für kleine Innenhöfe gibt es sogar Miniaturkletterrosen.

Bodendecker-Rosen mit überhängendem Wuchs für Hängeampeln

Steiftriebige Kletterrosen (Climber) verbergen langweilige oder unansehnliche Wände und Mauern. Sie können auch an Pfeilern hochgezogen oder zur Begrünung von Pyramiden im Garten verwendet werden. Unter einem duftenden Rosenbogen lässt es sich gut ausruhen. Die kräftiger wuchernden, weichtriebigen Kletterrosen (Rambler) wirken besonders schön, wenn sie sich um Baumstämme ranken und in üppigen Blütenkaskaden von den Zweigen herabhängen.

Die meisten Rosen begnügen sich mit Sonne, fruchtbarem, unkrautfreiem Boden und ausreichender Wasser- und Nährstoffversorgung. Dafür bereiten sie einen ganzen Sommer lang viel Freude.

ROSENKLASSEN

DIE VON DER WORLD FEDERATION OF ROSE SOCIETIES 1976 eingeführte gärtnerische Einteilung der Rosen wird heute fast überall anerkannt. Während das botanische System die Pflanzengruppen aufgrund von Form, Anzahl und Anordnung der Blütenteile klassifiziert, orientiert sich das gärtnerische System an Größe, Wuchs und Blütenform. Jede Rosenklasse wird einem bestimmten Gestaltungszweck zugeordnet.

BEET- UND STRAUCHROSEN

Mit Ausnahme der Kletterrosen werden alle Rosen in Beet- oder Strauchrosen eingeteilt. Eine Strauchrose misst ausgewachsen mehr als 1,2 m. Der Wuchs ist oft überhängend; es gibt einmal und öfter blühende Sorten. Strauchrosen sind als Einzelexemplare und für gemischte Rabatten mit Sträuchern oder Stauden geeignet. Beetrosen werden dagegen meist zu ordentlichen, mehr oder weniger symmetrischen Formen geschnitten. Sie werden selten höher als 1,2 m. Fast alle Beetrosen blühen öfter und sehr lange. Für kleine Flächen sind sie besser als Strauchrosen geeignet. Sie wirken in klassischen Rosenbeeten besonders eindrucksvoll.

CLIMBER- UND RAMBLER-ROSEN

Die meisten Climber sind öfter blühend. Sie tragen die Blüten an kurzen Zweigen, die aus dem alten Holz treiben, später im Jahr auch am neuen Holz. Ihre Triebe sind steifer und aufrechter als die der lang- und weichtriebigen Rambler, die meist nur einmal im Jahr üppige Blütenbüschel am vorjährigen Holz bilden.

DAVID AUSTINS ROSEN
Die sogenannten Englischen Rosen sind Strauchrosen, die die Blühfreudigkeit der großblumigen und büschelblütigen Beetrosen mit den Blütenformen, -farben und -düften der alten Gartenrosen vereinen.

Blütenformen

Aus den relativ einfachen Blütenformen der Wildrosen sind im Lauf der Zeit viele sehr unterschiedliche Formen gezüchtet worden *(siehe unten)*. Es gibt einfache Rosenblüten (bis zu 8 Petalen; so nennt man die Blütenblätter), halb gefüllte (8–14 Petalen), gefüllte (20 und mehr Petalen) und stark gefüllte (über 30 Petalen) Blüten. Sie treten einzeln oder in kleinen oder großen Büscheln auf und können einmal oder öfter blühen. Wie lange eine Rose blüht, hängt nicht nur von der Kultursorte ab, sondern auch von den Wachstumsbedingungen des jeweiligen Standortes, der Temperatur und den Sonnenstunden. Manche Rosen blühen nahezu durchgehend, andere in Schüben und wieder andere tragen im Frühsommer bis Sommer ihren Hauptflor und im Herbst eine kleine Nachblüte.

Auch beim Duft zeigen Rosen eine erstaunliche Bandbreite: Manche duften nur schwach oder überhaupt nicht, einige riechen nach Anis, Myrrhe, Apfel oder anderen Früchten, und alte Gartenrosen wie die Damaszener haben einen warmen angenehmen Rosenölduft.

BLÜTENFORMEN

FLACHE BLÜTE

Einfache, offene Blüte mit flachen Petalen und deutlich sichtbaren Staubgefäßen. Typisch für Wildrosen wie *R. glauca (siehe S. 52)*.

RUNDE BLÜTE

Gefüllt oder stark gefüllt: Gleich große, überlappende Petalen bilden runde oder schalenförmige Blüten. Beispiel: ›Tequila Sunrise‹ *(siehe S. 55)*.

SCHALENFÖRMIGE BLÜTE

Offene, einfache bis stark gefüllte Blüte. Petalen liegen schalenförmig um die Staubgefäße. Beispiel: ›New Dawn‹ *(siehe S. 68)*.

ROSETTENFÖRMIGE BLÜTE

Fast flache, gefüllte oder stark gefüllte Blüte mit überlappenden, ungleich großen Petalen wie bei ›Great Maiden's Blush‹ *(siehe S. 62)*.

SPITZKNOSPIGE BLÜTE

Halb- bis stark gefüllte Blüte. Petalen bilden eine hohe Mitte. Typisch für Edelrosen und großblumige Beetrosen wie ›Paul Shirville‹ *(siehe S. 53)*.

GEVIERTELTE ROSETTE

Fast flache, gefüllte oder stark gefüllte Blüte. Petalen deutlich in Viertel eingeteilt wie bei ›Duc de Guiche‹ *(siehe S. 64)*.

KRUGFÖRMIGE BLÜTE

Halb- bis stark gefüllte Blüte. Innere Petalen krugförmig, äußere flach. Bei büschelblütigen Beetrosen wie ›Hula Girl‹ *(siehe S. 58)*.

POMPONFÖRMIGE BLÜTE

Kleine, runde, gefüllte Blüten, meist in Büscheln, mit vielen Petalen. Typisch für Miniaturrosen wie ›Little White Pet‹ *(siehe S. 58)*.

BEETROSEN

DIE MEISTEN BEETROSEN sind moderne Rosen; sie wurden nach 1867 vor allem in Europa und den USA gezüchtet. Anfangs konzentrierten sich die Züchter auf Blütenform und -farbe. Heutzutage wird auch großer Wert auf Gesundheit und Widerstandsfähigkeit gegen Schädlinge gelegt. Viele moderne Rosen *(siehe* Die Rosengalerie, *S. 53–61)* werden beiden Ansprüchen gerecht und vereinen Schönheit und Gesundheit. Beetrosen lassen sich in vier Kategorien einteilen.

GROSSBLUMIGE BEETROSEN (EDELROSEN)

Die Edelrosen werden auch heute noch wegen ihrer Abstammung als Teehybriden bezeichnet. Die ersten Teehybriden waren Kreuzungen aus Remontantrosen und chinesischen Teerosen. Von den Remontantrosen haben sie Härte, Wuchskraft und die großen, duftenden Blüten; von den Teerosen das glänzende Laub, die bei Floristen so beliebten, edel geformten Blüten und die Fähigkeit, mehrmals zu blühen.

Moderne großblumige Beetrosen sind Büsche mit aufrechtem oder kompaktem Wuchs und stachelbewehrten Trieben. Sie tragen mattes oder glänzendes, mittel- bis dunkelgrünes Laub aus großen ovalen oder lanzettförmigen Blättern. Junges Laub ist häufig rot oder purpurn überhaucht. Die großen, oft duftenden Blüten sind meist spitzknospig oder krugförmig und treten einzeln oder in Dreiergruppen auf. Da sie am alten Holz und – noch üppiger – am neuen Holz blühen, werden sie jedes Jahr stark zurückgeschnitten *(siehe S. 38)*.

> Die öfterblühenden Edelrosen waren für die Züchter eine Revolution

▶ FARBTUPFER
›Valentine Heart‹ ist eine typische büschelblütige Beetrose mit blassrosa Petalen und ausgefransten Rändern.

▼ EINZELROSE
Die großblumige ›Remember Me‹ hat eine spitze Knospe mit kupferorangenen Blütenblättern.

PFIRSICH MIT SAHNE
Die großen, duftenden, kupferorangenen Blüten von ›Just Joey‹ kombiniert mit den zarten, kleinen des Ziertabaks (Nicotiana).

BÜSCHELBLÜTIGE BEETROSEN
Sie werden auch als Floribunda-Rosen (früher: Polyantha-Hybriden) bezeichnet und wurden zu Beginn des 20. Jahrhunderts erstmals in Dänemark gezogen. Aus der Kreuzung von Edelrosen (Teehybriden) und Polyantha-Rosen entstanden besonders harte und blühfreudige Pflanzen.

> Büschelblütige Rosen sorgen den ganzen Sommer über für Farbe

Diese Rosen wachsen aufrecht, verzweigen üppig und brauchen nur einen geringen Rückschnitt *(siehe S. 39)*. Meist sind sie härter, gesünder und krankheitsresistenter als die Edelrosen. Die einfachen oder stark gefüllten Blüten sind kleiner als die der Edelrosen und treten in großen Büscheln bis zu 25 Stück auf. Sie blühen am neuen und letztjährigen Holz und sind wegen ihrer Dauerblüte für Gruppenpflanzungen gut geeignet.

ROSEN UNTERPFLANZEN

Traditionell werden Beetrosen ohne Begleitpflanzen gesetzt, aber flachwurzelnde Stauden eignen sich gut als Unterpflanzung *(siehe unten)*. Der direkte Wurzelbereich sollte zum Düngen und Mulchen frei bleiben.

Katzenmelisse *(Nepeta x faassenii)* Graugrünes Laub, lavendelblaue Blüten.

Clematis *C. heracleifolia* ›Wyvale‹, *C. recta*.

Dianthus Duftnelken sind gut mit Rosendüften und -farben zu kombinieren, vor allem ›Becky Robinson‹ 🏆, rosa mit roten Streifen; ›Bovey Belle‹ 🏆, tiefrosa; ›Doris‹ 🏆, warmes Rosa; ›Haytor White‹ 🏆, weiß.

Storchschnabel Vor allem ›A. T. Johnson‹, ›Graveteye‹ und ›Mrs. Kendall Clark‹, alle 🏆.

Lavendel ›Munstead‹ 🏆 und ›Hidcote‹.

Stachys byzantina Bodendecker mit grauem Laub.

Veilchen und Stiefmütterchen Besonders zarte Blau-, Lila- und Purpurtöne.

Patio- und Miniaturrosen

Durch diese modernen Züchtungen finden Rosen heute auch auf kleinen Flächen ausreichend Raum. Patiorosen sind kleine Ausgaben der büschelblütigen Beetrosen und werden von Züchtern auch Zwerg-Floribundarosen genannt. Sie sind auch für Beete sehr gut geeignet. Patiorosen wachsen dicht und kompakt; ihre Blätter sind kleiner als die der büschelblütigen Beetrosen. Nur wenige duften, aber die meisten tragen vom Sommer bis zum Herbst zuverlässig immer wieder Büschel von 3–11 kleinen, einfachen bis gefüllten Blüten. Wie andere kleine Beetrosen brauchen sie nur wenig Pflege: Sie benötigen weniger Nährstoffe als die großen Rosen, und der Rückschnitt beschränkt sich auf das Entfernen verwelkter Blüten und toten Holzes sowie das Auslichten, wenn die Pflanze zu dicht wird.

Miniaturrosen sind die Kleinsten in der Rosenfamilie und werden selten höher als 35 cm. Sie stammen von der hervorragenden Chinarose *R.* ›Rouletii‹ ab und sind winzig, aber in allen Bestandteilen perfekt geformt. Miniaturrosen blühen den ganzen Sommer über und bringen wunderschöne Farbtupfer auf die kleinste Fläche. Sie eignen sich als Kübelpflanze, aber auch als Beeteinfassung oder zum Anlegen einer niedrigen Hecke.

> Miniaturrosen sind ideal für Pflanzgefäße

▶ COUNTY-ROSE
›Cambridgeshire‹ gehört zu einer beliebten Gruppe von Bodendecker-Rosen, die nach englischen Grafschaften (Counties) benannt sind.

▼ IDEAL
Mit einer Größe von 15–25 cm passt die Miniaturrose ›Babyflor‹ in die kleinsten Beete und ist hervorragend geeignet als Einfassung.

FARBKONTRAST

Die dichte Pflanzung von Pink- und Gelbtönen wird von den karmin- bis scharlachroten Blüten der Patiorose ›Festival‹ überstrahlt, deren Unterseite silbern angehaucht ist.

Bodendecker-Rosen

Mit ihren stacheligen Zweigen, den kleinen Blättern und dem dichten Wuchs schirmen Bodendecker-Rosen das Licht vom Boden ab und verhindern das Aufkommen von Unkraut. Allerdings muss das Beet vor dem Bepflanzen gründlich von allem Unkraut befreit und nach der Pflanzung regelmäßig gemulcht werden *(siehe S. 34)*. Diese Maßnahmen sind unbedingt notwendig und auch der Mühe wert, denn hinterher kann das Unkrautjäten mit der Hand zwischen den stacheligen Zweigen sehr schmerzhaft sein.

Bodendecker-Rosen gibt es in verschiedenen Wuchsformen. Manche bilden breite Büsche, andere lange, überhängende Zweige voller Blütenbüschel. Einige blühen nur im Sommer, die meisten sind jedoch öfter blühend. Sie sind für flache Beete und Einfassungen geeignet, sehen aber am besten aus, wenn sie über niedrige Mauern, Wälle oder Kübelränder herabhängen.

ROSEN FÜR PFLANZGEFÄSSE

LEUCHTEND ORANGE

- ›**Anna Ford**‹ 🏆 Patiorose *(S. 58)*
- ›**Orange Babyflor**‹ Patiorose
- ›**Orange Meillandina**‹ 🏆 Miniaturrose *(S. 59)*

STRAHLEND WEISS

- ›**Kent**‹ Bodendecker-Rose *(S. 60)*
- ›**Little White Pet**‹ 🏆 Patiorose *(S. 58)*
- ›**Swany**‹ 🏆 Bodendecker *(S. 60)*
- ›**Snowball**‹ Cremeweiße Miniaturose

KRÄFTIGES ROT

- ›**Alberich**‹ Miniatur
- ›**Boys' Brigade**‹ Patiorose *(S. 59)*
- ›**Festival**‹ Patiorose *(S. 59)*
- ›**Fire Princess**‹ Miniatur *(S. 59)*
- ›**Robin Redbreast**‹ Patiorose *(S. 58)*

ROSATÖNE

- ›**Heideröslein**‹ (›Nozomi‹) 🏆 Bodendecker *(S. 61)*
- ›**Little Bo-peep**‹ Patiorose *(S. 58)*
- ›**Queen Mother**‹ 🏆 Patiorose *(S. 58)*
- ›**Snowcover**‹ (Avon) Bodendecker

STRAUCHROSEN

DER BEGRIFF STRAUCHROSEN umfasst große, relativ moderne Rosen, die sich nicht einfach in eine der anderen Klassen einordnen lassen: von den Moschata-Hybriden des frühen 20. Jahrhunderts bis zu den neuen Englischen Rosen. Gemeinsam ist ihnen eine Größe von über 1,2 Meter; ihr Wuchs reicht von aufrecht bis überhängend. Die Blüten duften meist und sind einfach bis stark gefüllt, einzeln oder in Büscheln blühend, oft remontierend.

HECKEN- UND EINZELEXEMPLARE

Durch ihre Höhe, Breite und die stacheligen Zweige sind Strauchrosen ideal für Hecken. Am besten geeignet sind die dichten, stark bestachelten Rugosarosen mit ihren knittrigen, leuchtendgrünen Blättern. Die duftenden einfachen oder halbgefüllten Blüten erscheinen den ganzen Sommer über; späte Blüten begleiten im Herbst die tomatenähnlichen Hagebutten. Kaum eine andere Heckenpflanze blüht so lange. Der Pflegeaufwand ist gering: Im Frühjahr wird eine ausgewogene Düngermischung verabreicht, und öfter blühende Sorten werden im zeitigen Frühling, einmal blühende Sorten nach der Blüte etwas in Form geschnitten. Moderne Strauchrosen sind auch als Einzelexemplare für Plätze geeignet, an denen man sie aus verschiedenen Perspektiven betrachten kann. Sie sind relativ pflegeleicht und unproblematisch.

> Rosenhecken sind wegen ihrer stacheligen Zweige kaum zu durchdringen

FARBABSTIMMUNG *Gemeinsam mit Jungfer im Grünen* (Nigella damascena) *bilden die dichten, ausladenden Zweige und blassrosa Blütenbüschel von ›Ballerina‹ eine farbenfrohe niedrige Hecke.*

▲HOCH HINAUS
Ideal zum Ziehen an einer Mauer: ›Abraham Darby‹ mit kräftigem buschigen Wuchs wird 1,5 m hoch und duftet nach Früchten.

◄GRÜNTÖNE
Das graugrüne Laub von ›L. D. Braithwaite‹ gibt Staudenbeeten interessante Akzente. Die duftenden karminroten Blüten sorgen für Farbe.

Gemischte Rabatten

Strauchrosen sind sehr gut für klassische gemischte Rabatten geeignet – übertroffen höchstens noch von den Alten Rosen *(siehe S. 18–19)*. Viele sind öfter blühend. Die besten Eigenschaften beider Klassen sind in den modernen, als »Englische Rosen« bekannten Züchtungen von David Austin verkörpert. Durch eine Kreuzung moderner, groß- und büschelblütiger Rosen mit ausgewählten Alten Rosen sind öfter blühende Sorten mit Blütenformen, Farben, Wuchs und dem beliebten Duft der Alten Rosen entstanden.

Strauchrosen sind für die Pflanzung in gemischten Rabatten mit Sträuchern, Stauden und Zwiebelgewächsen besser geeignet als andere Rosenklassen. Sie sind durch ihren strauchartigen Wuchs anmutiger als die steif-aufrechten Beetrosen, und die Palette ihrer Farben ist weicher als bei den modernen Rosen. Strauchrosen bilden einen schönen Hintergrund für langsam wachsende Pflanzen, behaupten sich aber zwischen mittleren bis großen Sträuchern. Die meisten brauchen einen guten, fruchtbaren Boden, um sich optimal zu entfalten. Das erreicht man durch ein- bis zweimaliges Düngen jährlich und Mulchen mit gut verrottetem Dung *(siehe S. 34)*. In der Ruhephase oder nach der Blüte werden die Haupttriebe um ein Drittel ihrer Länge zurückgeschnitten *(siehe S. 42)*.

GUT KOMBINIERT

- ›**Buff Beauty**‹ ♀ Aprikosengelb, dann braunorange, mit tiefblauem *Geranium himalayense* ›Graveteye‹ ♀.
- ›**Gertrude Jekyll**‹ ♀ Tiefrosa. Die Blüten passen gut zur blauen *Clematis* ›Wyvale‹.
- ›**Graham Thomas**‹ ♀ Kräftiges Gelb mit der orangeroten *Phygelius capensis* ♀, unterpflanzt mit der gelben *Viola* ›Irish Molly‹.
- ›**Penelope**‹ ♀ Zart-cremerosa Blüten harmonieren mit der blauen *Campanula lactiflora* ›Prichard's Variety‹ ♀.

ALTE ROSEN

DIESE GRUPPE UMFASST DIE ÄLTESTEN uns bekannten Kultursorten – Alba-Rosen, Gallica-Rosen, Damaszener-Rosen, Zentifolien und Moosrosen –, die aus Europa stammen und mit seltenen Ausnahmen nur einmal, im Hochsommer, blühen. Auch Kreuzungen zwischen europäischen und orientalischen Rosen wie Chinarosen, Teerosen, Bourbon- und Portland-Rosen gehören dazu, die ähnliche Merkmale wie die europäischen Rosen aufweisen, aber öfter blühend sind.

WAS SPRICHT FÜR ALTE ROSEN?

Manche glauben, es sei ein großer Nachteil der Alten Rosen, dass sie nur einmal blühen. Die prachtvolle, verschwenderische Blütenfülle dieser Sorten lässt den vermeintlichen Nachteil jedoch rasch vergessen. Sollten Sie dennoch Wert auf öfter blühende Sorten legen, wählen Sie aus der Gruppe der remontierenden Rosen aus (wie Bourbon- und Portland-Rosen). Frühe Kreuzungen chinesischer und europäischer Rosen ergaben öfter blühende Rosen, die viel von der Anmut und den Farben der Alten Rosen haben. Im 19. Jahrhundert beschäftigten sich die Züchter so intensiv mit ihnen, dass schließlich die modernen Edelrosen daraus entwickelt wurden.

Für fast jeden Zweck gibt es passende Alte Rosen: für Beete und Rabatten – vor allem für gemischte Rabatten; für Mauern, Zäune und Pfeiler, zur Formung von Pyramiden, Bogen oder anderen Gebilden *(siehe S. 46–47)*. Die meisten haben von Natur aus einen anmutigen Wuchs und blühen

ÜBERQUELLEND
Eine ungestutzte Hecke aus ›Complicata‹ paßt gut in einen Wildblumengarten. Die herabwallenden Blüten werden gern von Bienen besucht.

JAKOBITENROSE
Die leuchtenden rahmweißen Blüten von R. x alba *›Alba Maxima‹ verschönern eine graue Mauer.*

▲ ZARTER MITTELPUNKT
Das bunte Laub des Purpursalbei hebt die klare, rosa Blüte von ›Fantin-Latour‹ hervor.

◀ LEUCHTENDE PRACHT
Die als Rosa Mundi bekannte Rosa gallica *›Versicolor‹ ist ideal für gemischte Rabatten. Hier sind die gestreiften Blüten mit pinkfarbenen Geranien kombiniert.*

so üppig, dass die Zweige sich unter der schweren Last biegen. Diese Rosen sind robust, wuchsfreudig und sehr winterhart. Einige Sorten werden bereits seit über 150 Jahren kultiviert.

Alte Rosen sind robust, wuchsfreudig und pflegeleicht

Die meisten Alten Rosen sind sehr genügsam und vergelten zusätzliches Nahrungsangebot durch Dünger und organischen Mulch besonders reich. Einige sind etwas anfällig für Mehltau, grundsätzlich aber sehr gesund.

Die Blüten variieren zwischen einzeln bis stark gefüllt, und einige sind so dichtgepackt, dass die Petalen in Vierteln angeordnet sind. Sie entfalten sich zu einer Palette klarer Farben, vom weichen Rosa über prächtiges Karminrot bis zum tiefsten, samtigen Purpur. Im Gegensatz zu den meisten farbfesten modernen Rosen verblühen die dunklen, Alten Rosen mit anmutigen Schattierungen von Lila, Violett und Grau. An ihrem Duft müssen sich alle anderen Rosen messen lassen. Von würzigen Aromen über schweren Moschusduft bis hin zum Hauch frischer Äpfel und Zitrusfrüchte – die berauschenden Düfte der Alten Rosen sind ein guter Grund, sich in ihrer Nähe aufzuhalten.

EMPFEHLUNG

SCHÖNE BLÜTEN

- **›Boule de Neige‹** Bourbonrose *(S. 62)*
- **›Cardinal de Richelieu‹** 🏆 Dunkelpurpurfarbene Gallica-Rose
- **›Duc de Guiche‹** 🏆 Gallica-Rose *(S. 64)*
- **›Empereur du Maroc‹** Remontantrose *(S. 64)*
- **›Madame Hardy‹** 🏆 Weiße Damaszener-Rose

GUTER DUFT

- **›Belle de Crécy‹** 🏆 Rote Gallica-Rose mit starkem Duft
- **›Bourbon Queen‹** Bourbonrose *(S. 63)*
- ***R.* x *centifolia* ›Muscosa‹** 🏆 *(S. 63)*
- **›Great Maiden's Blush‹** Alba-Rose *(S. 62)*
- **›Reine des Violettes‹** Remontantrose *(S. 64)*

Laub, Stacheln und Hagebutten

Edelrosen werden gewöhnlich wegen ihrer attraktiven Blütenform und der langen Blühdauer gezüchtet und geschätzt. Dabei haben die meisten Rosen noch viel mehr zu bieten. Vor allem die Wildrosen und die aus ihnen gezüchteten Hybriden beeindrucken häufig neben ihren zierlichen Blüten auch mit leuchtenden, ungewöhnlich geformten Hagebutten, attraktivem Laub und interessant gefärbten und geformten Stacheln.

Wildrosen

Diese Rosen sind in Waldgebieten und Hecken zu Hause und haben einen ganz besonderen Reiz, der sich stark von dem ihrer hochgezüchteten Verwandten unterscheidet. Sie werden wegen ihres natürlichen, eleganten Wuchses, der kleinen Blätter und der schlichten Schönheit der meist einfachen Blüten geschätzt. Wildrosen eignen sich ausgezeichnet für naturnahe Gärten oder für Hecken, die aus verschiedenen Gewächsen bestehen sollen. Nach der Blüte werden sie von Hagebutten geschmückt, die im Winter für hübsche Farbtupfer sorgen und den Vögeln als Futter dienen. Kletternde Wildrosen wirken am besten, wenn sie wie in der Natur in Bäume klettern und von dort herabhängen können. Wildrosen sind genügsam und erfordern nur wenig Pflege; meist genügt es, totes Holz zu entfernen. Um ihren natürlichen Wuchs und ihre Anmut zu erhalten, wird nur ein minimaler Rückschnitt empfohlen.

Für Hecken und naturnahe Gärten sind Wildrosen ideal

▲ DUFTROSE
R. primula *besticht mit zierlichen Blättern, schlichter Blüte und Primelduft.*

► LEUCHTENDE FRÜCHTE
Glänzend-rote Hagebutten schmücken die Rugosa-Rose ›Schneezwerg‹ vom Spätsommer bis in den Herbst hinein.

▲ AUSGEFRANST
Die blutroten Stacheln der R. sericea *f.* pteracantha *wirken im Sonnenlicht am besten.*

◀ HUNDSROSE
R. canina *wächst häufig an Ackerrändern und ist ideal für naturnahe Gärten.*

Dekorative Wildrose

Die meisten Wildrosen tragen einmal im Jahr, meist relativ früh, einfache Blüten. Ein Beispiel ist die stark duftende *R. primula,* die im Spätfrühling blüht. Wildrosenblüten sind wegen ihres hohen Nektargehaltes bei Bienen besonders beliebt. Viele duften sehr stark, zum Beispiel *R. paulii* nach Nelken oder *R. moschata* nach Moschus. Bei kühlem, feuchtem Wetter und nach einem Regen verströmen die Blätter von *R. rubiginosa* ihren apfelähnlichen wunderschönen Duft in weitem Umkreis. Diese Eigenschaft hat sie an ihre Hybriden, die Weinrosen, vererbt; sie sind die ideale Ergänzung für Hecken und Grundstückseinfassungen. Einige Wildrosen werden wegen ihres interessanten Laubs angepflanzt: *R. pimpinellifolia* und ihre Hybriden haben üppiges, farnähnliches Laub, und *R. glauca* trägt grauviolette Blätter an purpurroten Zweigen. Durch die schönen roten Hagebutten sind Wildrosen auch im Herbst noch ein wunderschöner Anblick; sie variieren von den gelbgrünen Früchten der Kastanienrose *R. roxburghii* über die orangeroten, flaschenförmigen der *R. moyesii* bis zu den fast schwarzen der Dünenrose *R. pimpinellifolia.*

GUT KOMBINIERT

R. glauca *(S. 52)* passt gut zum rotblättrigen Perückenstrauch *Cotinus coggyria* und den rahmweißen Blüten der *Clematis ›Henryi‹*. Hübsch auch zur *Clematis* ›Etoile Violett‹.

R.* x *richardii Rosa, im Zusammenspiel mit den zartgelben Blüten von Clematis ›Guernsey Cream‹.

R. rubiginosa ♀ *(S. 63)* in Hecken gemeinsam mit ›Amy Robsart‹ (duftendes Laub), ›Anne of Geierstein‹ und ›Lady Penzance‹ sowie der blau blühenden *Clematis alpina.*

Kletter- und Schlingrosen

Ob sie Mauern erklimmen oder Bögen, Pfeiler und Pergolen umranken, diese auch Climber- und Rambler-Rosen genannten Rosenklassen sind eine schöne Ergänzung bei der Gestaltung des Gartens. Wegen ihrer unterschiedlichen Wuchsformen sind sie für viele Zwecke geeignet: Die steiftriebigen, aufrechten Climber-Rosen begrünen zum Beispiel Mauern, die weichtriebigen, wuchernden Rambler-Rosen lassen sich gut an Rosenbögen, Pyramiden und Pergolen entlangziehen.

Flexible Kletterer

Climber-Rosen bringen große, meist duftende, Blüten hervor, die einzeln oder in Büscheln stehen. Ihre vielen Triebe bilden einen kräftigen, relativ festen Rahmen. Die Blüten erscheinen an den Spitzen neuer Triebe und an den Seitentrieben am alten Holz. Das wird gefördert, wenn man die jungen und noch biegsamen Triebe horizontal festbindet. Lässt man der Natur ihren Lauf, blühen Climber-Rosen üppig an der Pflanzenspitze; werden die Triebe aber zur Seite oder um Pfeiler oder Pyramiden gelenkt, entstehen Wände und Säulen aus Duft und Farbe, die fast den ganzen Sommer lang blühen. Viele Climber-Rosen eignen sich dafür, unansehnliche Gartenhäuschen zu verbergen oder strengen architektonischen Formen zu schmeicheln. Besonders stark- und hochwüchsige Sorten können auch für Pergolen verwendet werden. Die meisten Climber-Rosen sind jedoch nicht so wuchsfreudig wie die Rambler.

Miniaturclimber wie ›Laura Ford‹ werden kaum höher als 2 Meter; sie sind für kleine Gärten und als Kübelpflanze geeignet. ›Mrs. Sam McGredy‹ und ›Etoile de Hollande‹ sind durch Mutation entstandene,

ROSENTEPPICH
Die vielseitige ›Albertine‹ verträgt auch arme Böden. Hier wird sie als überhängender Strauch von Clematis durchzogen. ›Albertine‹ bringt im Sommer wochenlang Büschel duftender, zartrosafarbener Blüten hervor.

STOLZ UND AUFRECHT – *das ist der typische Wuchs einer Climber-Rose. Die duftende ›Rosy Mantle‹ passt gut in kleine Gärten und lässt sich auch an Mauern ziehen.*

ROSENREGEN *Die langen, biegsamen Triebe der Rambler-Rose ›Dorothy Perkins‹ tragen dichte Blütenbüschel. Diese Rosen lässt man am besten von oben herabhängen.*

kletternde Spielarten großblumiger Beetrosen. Solche Mutationen sind oft gesünder als die Elternpflanze und meist auch beliebter.

> Climber haben steife und aufrechte, Rambler weiche, schlingende Triebe

Anpassungsfähig

Rambler sind sehr wuchsfreudig; die biegsamen Langtriebe wachsen kräftig aus der Basis heraus. Meist bringen sie viele kleine Blüten in geradezu verschwenderischer Fülle hervor. Die überwiegende Zahl blüht nur einmal, im Früh- bis Hochsommer, am einjährigen Holz. Einige wie ›Sanders' White Rambler‹ und ›Dorothy Perkins‹ blühen erst spät, wenn die meisten anderen Einmalblüher sich schon verausgabt haben.

Die biegsamen Triebe der Rambler lassen sich gut um Taue, Rosenbögen und Pergolen winden; wegen ihrer leichten Anfälligkeit für Mehltau brauchen sie allerdings gut durchlüftete Standorte. Sie werden deshalb nie direkt an der Wand, sondern in einigen Zentimetern Abstand gezogen. Die wuchsfreudigsten Sorten, darunter ›Bobbie James‹ und ›Seagull‹, lässt man am besten in große, gesunde Bäume klettern, von denen sie dann in langen Blütengirlanden herabhängen. Allerdings müssen Rose und Baum unbedingt in der Größe zusammenpassen, denn das ansehnliche Gewicht einer älteren Rambler-Rose kann schwache oder kleine Bäume leicht zu Fall bringen.

GUT KOMBINIERT

- ›**Albertine**‹ 🏆 (Rambler) mit den blauen Blüten des Salbei *Salvia officinalis* und dem Leinkraut *Linaria*.
- ›**Climbing Schneewittchen**‹ (Climber) mit *Clematis* ›Marie Boiselot‹ 🏆, beide reinweiß.
- ›**Félicité et Perpétué**‹ 🏆 (Rambler) mit *Clematis* ›Huldine‹, *Fuchsia magellanica* var. *molinae* und *Anemone hupehensis;* zarte Kombination in Weiß und Rosa.
- ›**Gloire de Dijon**‹ 🏆 (Climber) mit duftenden, aprikosenfarbenen Blüten mit *Clematis* ›Polish Spirit‹ in Blauviolett.
- ›**Händel**‹ 🏆 (Climber), rahmweiß mit pinkfarbenem Rand; dazu die weißblütige *Clematis* ›Duchess of Edinburgh‹.

MAUERN, PFEILER, PERGOLEN

ROSENBÖGEN, PYRAMIDEN, LAUBENGÄNGE, SÄULEN – sie alle können genauso wie Spaliere, Gartenhäuschen und andere Gebilde durch Kletterrosen begrünt und attraktiver gemacht werden, um als Blickfang in der Gartengestaltung zu dienen oder einfach ein vertikales und auffälliges Element hineinzubringen. Die Art, wie Rosen zum Beispiel an Spalieren gezogen werden, ermöglicht eine besonders eindrucksvolle Darstellung ihrer Blütenpracht.

ROSEN AN MAUERN

Meist werden Climber- und Rambler-Rosen an Mauern gezogen, aber auch Strauchrosen mit langen, biegsamen Trieben genießen die Wärme einer Mauer und gedeihen gut. ›Constance Spry‹, als frei stehender Strauch eher plump und überhängend, präsentiert ihre duftenden, zartrosa Blüten vor einer Mauer besonders prächtig.

Ziegel- oder Steinmauern bieten einen ganz besonderen Hintergrund für Rosenblüten, haben aber noch mehr Vorteile: Die Wärme, die von den Steinen abgegeben wird, unterstützt die Reifung des Holzes und verbessert damit die Blühfreude, da die Pflanze an reifem Holz üppiger blüht. Auch die Art, wie eine Rose an einem Spalier befestigt ist, hat Einfluss auf die Blüte. Die Haupttriebe wachsen unter dem Einfluss von Hormonen nach oben; die Hormone leiten aber auch von der obersten Knospe die Botschaft nach unten, Seitentriebe zu unterdrücken. Wird der Trieb horizontal angebunden, verringert sich der Hormonfluss, und die Pflanze produziert Seitentriebe. Diese Triebe tragen die meisten Blüten.

MAUER MIT ROSENSPALIER
Die zartrosa Blüten von ›New Dawn‹ profitieren von der Wärme der Mauer. ›New Dawn‹ verträgt auch Schatten und ist für eine Nord- oder Westwand geeignet.

◄ RUHEPLATZ
Attraktiv ist diese Pergola mit ›Compassion‹ und ›Aloha‹ an den Pfeilern und ›Sanders White Rambler‹, die von oben herabhängt.

▼ BLÜHENDER PFEILER
Der Stumpf des Apfelbaums ist fast ganz unter der Blütenfülle der Rambler-Rose verschwunden.

Die dritte Dimension

Dreidimensionale Klettermöglichkeiten für Rosen sind nicht nur sehr dekorativ, sondern meist auch luftig, was der Gesundheit der Rosen sehr gut tut. Auch hier kann durch Ziehen in eine bestimmte Richtung besonders üppige Blütenpracht begünstigt werden. Die Triebe von ›Seagull‹ *(rechts)* wurden in sanften Spiralen um den alten Baumstumpf geschlungen und bedecken fast den ganzen Stamm. Diese Wirkung lässt sich auch mit Säulen und Pyramiden erreichen, an denen Climber, Rambler und andere weichtriebige Rosen hochgezogen werden.

Überreiche Blütenfülle durch spiralförmig angeordnete Triebe

Für Pergolen wählt man Rosen mit großer Wuchshöhe aus, damit sie nach Erklimmen der Pfeiler auch die waagerechten Verstrebungen noch erklettern können. Von unten ist dann die Blütenfülle zu bewundern. Werden unterschiedlich wuchsfreudige Rosen an verschiedene Pfeiler gesetzt, lässt man die höchsten Sorten das Dach bilden.

BESONDERE EFFEKTE

WIE EIN GARTEN AUCH GESTALTET ist, ob klassisch oder modern, streng geordnet oder naturnah, immer lassen sich mit Rosen ganz verblüffende Effekte erzielen. Mit ein wenig Übung und Umdenken kann man sich leicht von der Vorstellung lösen, dass Rosen nur in Beete gehören. Rosen sind so vielseitig in Wuchs und Form, das Angebot ist so groß, dass den Gestaltungsmöglichkeiten kaum Grenzen gesetzt sind.

KASKADENROSEN

Kriechende Bodendecker-Rosen wie ›Swany‹ und ›Heidekönigin‹ (›Pheasant‹) *(siehe S. 60)* blühen am reichsten, wenn ihre Triebe frei herabhängen können. Das erreicht man am besten, indem man sie auf einen Hochstamm veredelt *(siehe unten)* oder sie an einen Hang oder eine Böschung pflanzt, wo sie den Boden bedecken und beim Abwärtskriechen neue Wurzeln bilden.

Bodendecker-Rosen werden als pflegeleichte Blütenteppiche geschätzt. Strauchartige Sorten wie ›Hertfordshire‹ oder ›Medusa‹ *(siehe S. 61)* erzeugen eine erstaunliche Wirkung, wenn man sie als Einfassung für einen Gartenweg oder zur Höhen- und Farbabstufung im Rosenbeet oder in klassischen Rabatten verwendet. Außerdem sind sie ideal, um alles Unansehnliche in Bodennähe zu verstecken.

▲ KASKADENROSE
Auf Hochstamm veredelte, kriechende Bodendecker-Rosen sind besonders hübsch. Hier produziert ›Heideröslein‹ (›Nozomi‹) eine Fülle zarter Blüten.

▶ DER WEG IST DAS ZIEL
Die Stärke der Patio- und Miniaturrosen liegt in ihrer Fähigkeit, niedrige Hecken zu bilden. Hier leiten sie den Blick direkt zum Bogen.

BLÜTENGIRLANDEN
Die wuchsfreudige ›Rambling Rector‹ klettert in Bäume und bildet um Taue gewickelt, wundervolle Girlanden: im Frühsommer große Büschel weißer Blüten, im Herbst rote Hagebutten.

Höhe und Anmut

Rosen mit flexiblen Trieben wie ›Graham Thomas‹ und ›Constance Spry‹ *(siehe S. 65)*, gehören zu den vielseitigsten Pflanzen, wenn es um Höhenabstimmung bei der Gestaltung geht. Sie klimmen gut an Pfeilern und Pergolen nach oben, zeigen sich aber von ihrer anmutigsten Seite, wenn sie ihre riesigen

Reizvolle Effekte erzielen mit herabhängenden Blüten

Blütenbüschel von oben herabhängen lassen können. Um das zu erreichen, zieht man Rosen (vor allem Rambler) an einem Tau entlang, das zwischen zwei Pfosten verankert ist *(siehe S. 47)*; Doppelreihen dieser Girlanden, oft mit einer Rosenhecke als Unterpflanzung, sehen als Einfassung von Gartenwegen besonders eindrucksvoll aus. Lässt man Rosen in Bäume oder große Büsche wachsen, erhält man ebenfalls schöne Blütenkaskaden. Hübsch ist das zum Beispiel bei einem Apfelbaum, da die Rose ihre Knospen erst nach der Apfelblüte öffnet. Bei kleineren Bäumen muss eine weniger wuchsfreudige Sorte wie ›Blush Rambler‹ *(siehe S. 69)* gewählt werden, damit der Baum keinen Schaden erleidet.

GUT KOMBINIERT

›**Ferdy**‹, eine strauchartige Bodendecker-Rose, bildet eine 80 cm hohe Hecke mit zartlachsrosa Blüten. Dazu passt die duftende rosa Nelke *Dianthus* ›Doris‹ als Unterpflanzung.

›**Schneeflocke**‹ (›White Flower Carpet‹), Bodendecker, *(S. 60)*, abwechselnd mit dem purpurfarbenen *Lavendel* ›Hidcote‹.

Die blauen Blüten von *Agapanthus* ›Headbourne Hybrids‹ zur Bodendecker-Rose ***R. Sussex*** (75 cm) mit hell-aprikosenfarbenen Blüten über bronze-grünem Laub.

›**Sander's White Rambler**‹ *(S. 68)* an einem Tau, dazu die dunkel-purpurfarbenen Blüten der *Clematis* ›Jackmanii‹ an den Stützpfeilern.

ROSEN HEGEN UND PFLEGEN

ROSEN KAUFEN UND EINPFLANZEN

BEI ETWA 150 WILDSORTEN und Tausenden von Hybriden und Kultursorten fällt die Wahl einer Rose oft schwer. Beim Kauf sollte unbedingt darauf geachtet werden, welche Rosenklasse für den jeweiligen Zweck geeignet ist, ob die Kultursorte einmal-, öfter- oder dauerblühend ist, und – besonders wichtig – wie sie geschnitten werden muss.

DIE RICHTIGE ROSE AUSWÄHLEN

Das Kapitel *Die Rosengalerie (siehe S. 53– 69)* enthält eine gute Auswahl aus allen Rosenklassen. Am schönsten ist es jedoch, im Sommer mit einem Notizbuch unter dem Arm ein Rosarium zu besuchen. Farbe, Form und Duft der Blüten sind überzeugende Argumente, aber man sollte sich erkundigen, ob die Rose einmal oder öfter blüht und wie robust sie ist. Viele Gartencenter bieten eine große Rosenauswahl an, aber wenn die richtige nicht dabei ist, kann man Rosenbücher zu Rate ziehen oder beim *Verein Deutscher Rosenfreunde e.V. (VDR)* nachfragen. Dort gibt es Informationen über zuverlässige Rosenversandfirmen.

EINE ROSE, ZWEI NAMEN
Viele Rosen haben zwei Namen. ›Sweet Dream‹ ist der Handelsname für eine Rose, die unter dem Namen ›Fryminicot‹ registriert ist.

DER NAME DER ROSE

Pflanzen werden nach den Vorschriften der internationalen Nomenklatur benannt. Namen, die aus zwei Wörtern in kursiver Schrift bestehen (Gattung und Art), bezeichnen eine Wildart, zum Beispiel *Rosa moyesii.* Der Name der Wildart, gefolgt von einem Namen in einfachen Anführungszeichen, bezeichnet eine aus dieser Wildsorte gezüchtete Kultursorte (Varietät): *R. banksiae* ›Lutea‹. Ein x steht für eine einfache Hybride, die aus zwei Wildarten entstanden ist, wie *R.* x *richardii.* Rosen von komplizierter Abstammung tragen nur den Namen der Kultursorte in einfachen Anführungszeichen: *R.* ›Agnes‹. Neue Züchtungen werden unter einem »Codenamen« registriert, um die Rechte des Züchters zu schützen, international aber unter verschiedenen Handelsnamen verkauft. Nach den Regeln ist der erste Name der Kultursortenname, dann folgt der Handelsname ohne Anführungszeichen.

◄ HOCHSTAMM *In diesem klassischen Nutzgarten setzt ›Little White Pet‹ (›White Pet‹) Akzente.*

Gesunde Pflanzen auswählen

Im Idealfall sind die Rosen im Handel gut gewachsen, richtig etikettiert und gesund. Es lohnt sich jedoch immer, vor dem Kauf einige Dinge zu prüfen. Die Erde sollte bei Container-Rosen gleichmäßig feucht und die Oberfläche frei von Moos und Unkraut sein. Nimmt das Unkraut überhand, war die Pflanze vermutlich zu lange in dem Container und hat unter Trockenheit und Nährstoffmangel gelitten. Die Wurzeln sollten hell und gesund sein; kaufen Sie keine Pflanzen, bei denen die Wurzeln bereits aus dem Topf wachsen. Die Rosen sollten sorgfältig eingepflanzt werden, damit sie von Anfang an gut gedeihen. Nach dem Pflanzen wird Mulch empfohlen *(siehe S. 34)*.

CONTAINER-ROSEN AUSWÄHLEN
Das linke Exemplar ist gleichmäßig gewachsen, hat dunkles, glänzendes, gesundes Laub und viele Knospen kurz vor dem Öffnen. Exemplare wie das rechte sollte man nicht kaufen. Die Triebe sind lang und schwach und haben Blätter verloren, vermutlich als Folge von Trockenheit, Krankheit und Nährstoffmangel. Das sieht man an den gelben, schwarzgefleckten Blättern.

GUTES EXEMPLAR

SCHLECHTES EXEMPLAR

Container-Beetrosen pflanzen

Container-Rosen können jederzeit gepflanzt werden, wenn der Boden nicht gefroren, zu feucht oder zu trocken ist. Dazu das Pflanzloch so groß ausgraben, dass die Wurzeln bequem hineinpassen und die Veredelungsstelle (ein deutlicher Übergang unten am Haupttrieb) etwa 2,5 cm unter der Oberfläche liegt. Einen halben Eimer gut verrotteten Kompost mit etwas Knochenmehl oder Langzeitdünger in das Loch geben. Die Rose aus dem Container heben und ins Pflanzloch setzen, mit Erde auffüllen und andrücken. Ist die Pflanze in der Wachstumsphase, offene Blüten entfernen; ist sie in der Ruhephase, zurückschneiden, um das Frühjahrswachstum zu fördern *(rechts)*.

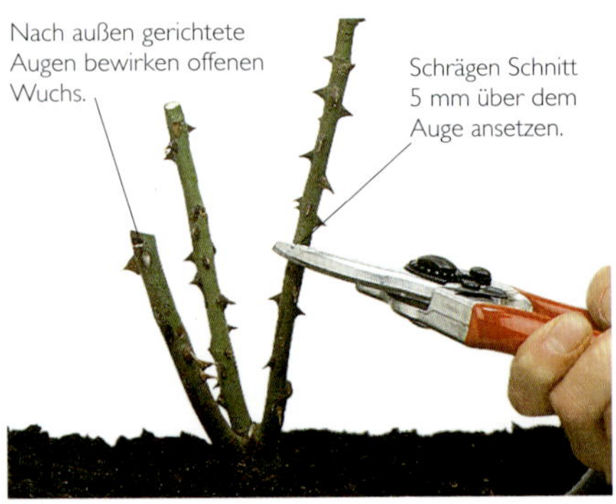

ROSEN BEIM PFLANZEN SCHNEIDEN
Schwache Triebe entfernen; 3–5 starke stehenlassen. Triebe auf ein außen liegendes Auge 7–15 cm über dem Boden kürzen.

ROSEN MIT NACKTEN WURZELN

Rosen mit nackten Wurzeln werden nur während der Ruhephase verkauft und gepflanzt. Man sollte auf kräftige Wurzeln achten, die von vielen feinen Haarwurzeln umgeben sind, eine starke Veredelungsstelle *(siehe rechts)* und gesunde, gleichmäßige Triebe. Vor dem Pflanzen müssen die Wurzeln eine Stunde lang gewässert werden.

Kräftige Hauptwurzeln und viele Haarwurzeln fördern ausgewogenes Wachstum der Pflanze.

Dürre Wurzeln, kaum Haarwurzeln: Diese Pflanze wird kaum gedeihen.

ROSEN MIT NACKTEN WURZELN PFLANZEN

1 **Mit einer sauberen** scharfen Rosenschere schwaches, beschädigtes oder totes Holz entfernen. Die beschädigten Wurzeln bis ins gesunde Gewebe zurückschneiden.

2 **Das Pflanzloch groß und so tief** ausheben, dass die Wurzeln bequem hineinpassen und die Veredelungsstelle 2,5 cm unter der Oberfläche liegt. Verotteten Kompost einarbeiten.

3 **Die Rose einsetzen** und einen Stab über das Pflanzloch legen; die Veredelungsstelle muss mindestens 2,5 cm darunter liegen.

4 **Mit Erde auffüllen;** dabei immer wieder vorsichtig andrücken. Wässern und schneiden *(siehe linke Seite)*.

Hochstämme pflanzen und stützen

Hochstämme entstehen, wenn eine Beetrose (oder, bei Kaskadenrosen, eine Kletterrose) auf einen langen, geraden Trieb veredelt werden, der von einem kräftigen Wurzelstock stammt. Die Krone sollte ausreichend kräftig gewachsene, gleichmäßig verteilte Triebe aufweisen. Ungleichmäßiger Wuchs lässt sich zwar mit Schneiden ausgleichen, aber man sollte ein minderwertiges Exemplar wirklich nur dann kaufen, wenn der Preis stark reduziert ist. Der lange Trieb und die Veredelungsstelle sind die Schwachstellen eines Hochstamms. Er braucht deshalb sein Leben lang eine kräftige Stütze, die bis zur Veredelungsstelle hinaufreicht.

1 **Pflanzloch ausheben** wie auf S. 31 beschrieben. Den Haltepfahl 45 cm tief in den Boden schlagen. Die Rose ins Pflanzloch setzen und mit einem Stab über dem Pflanzloch die Tiefe kontrollieren. Die Pflanze sollte genauso tief in der Erde sein wie zuvor.

2 **Der Haltepfahl** sollte bis zur Veredelungsstelle reichen. Er wird auf der Windseite angebracht, damit die Rose nicht dagegen gedrückt wird. Bei starkem Wind würde sonst die Rinde beschädigt und die Krone könnte abbrechen.

3 **Den Stamm mit Bindern** befestigen, so dass Gummipuffer zwischen Stamm und Haltepfahl liegen. Ein Binder wird oben befestigt, um die Krone zu stützen; ein zweiter auf halber Höhe; nicht zu fest anziehen.

KLETTERROSEN PFLANZEN UND ZIEHEN

Climber-Rosen dürfen beim Pflanzen nur wenig geschnitten werden. Viele sind Mutationen von Beetrosen und könnten sonst in diese Wuchsform zurückfallen. Rambler-Rosen dagegen produzieren ihre langen Triebe von ganz unten heraus und müssen beim Pflanzen stark zurückgeschnitten werden, damit sie kräftige neue Triebe produzieren, die am Spalier entlanggezogen werden können. Climber und Rambler sollten 45 cm von der Mauer oder dem Spalier entfernt gepflanzt werden: Direkt an der Mauer ist der Boden meist zu trocken. Die Triebe werden mit Stützen an das Spalier geführt; diese können später entfernt werden.

1 Kletterrosen sollten locker im Pflanzloch liegen; die Wurzeln zeigen in einem 45°-Winkel von der Mauer weg. Auch hier muss man darauf achten, dass die Veredelungsstelle tief genug unter der Erde ist.

2 Stützen vom Wurzelstock zum Spalier führen und am Draht befestigen. 4 oder 5 kräftige Triebe daran entlangführen. Die Triebe mit Bindern an den Stäben so befestigen, dass sie nicht gequetscht werden.

KLETTERROSEN IM ERSTEN SOMMER ZIEHEN UND SCHNEIDEN

Durch das Ziehen wird erreicht, dass die Rose breit gefächert wächst, viel Fläche abdeckt und gleichmäßig von unten bis oben blüht.

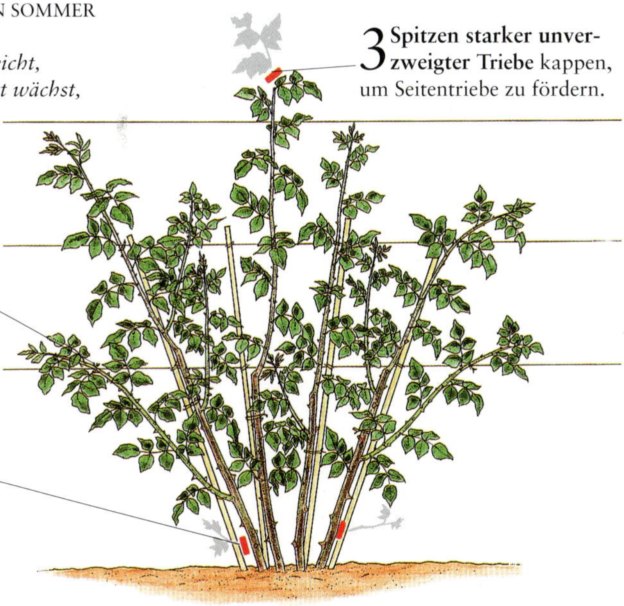

3 Spitzen starker unverzweigter Triebe kappen, um Seitentriebe zu fördern.

1 Neue Triebe so befestigen, dass sie einen Rahmen bilden; Seitentriebe zur Seite ziehen und anbinden, wenn sie groß genug sind.

2 Totes, beschädigtes oder schwaches Holz herausschneiden. Anfangs verwendete Stäbe und Bänder entfernen.

ROSEN PFLEGEN

ROSEN BENÖTIGEN SEHR VIEL ENERGIE, um ihre Blütenfülle zu entwickeln und den Rückschnitt auszugleichen. Deshalb nennt man sie auch »hungrige« Pflanzen. Sollen Rosen wachsen, gedeihen und den ganzen Sommer über wunderschön blühen, müssen sie gesund sein und ausreichend Nährstoffe bekommen. Neue Rosen wachsen nur selten dort, wo vorher bereits Rosen gestanden haben; der Boden ist »rosenmüde« *(siehe S. 48)*.

DÜNGEN, WÄSSERN UND MULCHEN

Ein fruchtbarer, gut gepflegter Boden ohne Unkraut ist der Schlüssel zu gesunden und blühfreudigen Rosen. Rosen bevorzugen leicht sauren Boden (pH Wert um 6,5), der Feuchtigkeit hält, aber keine Staunässe bildet. Der pH-Wert saurer Böden lässt sich durch Kalkgaben verringern, der alkalischer Böden durch Kompost erhöhen. Kompostierter Pferde- oder Rindermist oder Gartenkompost kann zur Verbesserung der Nährstoffversorgung und Auflockerung des Bodens eingebracht werden. Nach dem Frühjahrsschnitt wird Rosendünger eingearbeitet und mit organischem Dünger gemulcht. Ab Sommer sollte nicht mehr gedüngt werden, weil sonst weiche, nicht winterharte Triebe entstehen. Um das Holz bei der Reifung zu unterstützen, geben Sie statt dessen Kalidünger (75 g/m²).

ANFANGS DURSTIG
Rosen anfangs regelmäßig wässern, bis sie gut angewachsen sind. Danach nur in langen Trockenperioden gießen.

ROSEN IN PFLANZGEFÄSSEN PFLEGEN

Patio- und Miniaturrosen sind für Pflanzgefäße ideal. Da ihnen nur wenig Erde zur Verfügung steht, sind sie jedoch stark auf Nährstoff- und Wasserzufuhr angewiesen. Gefäße für Patiorosen sollten 30–40 cm, für Miniaturrosen 23–35 cm tief sein. Vor dem Pflanzen Maschendraht über das Loch im Topfboden legen und mit Tonscherben bedecken. Den Topf unbedingt auf »Füße« stellen, damit das Wasser besser abfließen kann. Mit guter Blumenerde auf Lehmbasis füllen, weil diese schwerer als Torferde ist und nicht so leicht austrocknet. Die Rosen genauso pflanzen wie im Garten. Die Erde sollte jedoch 3 cm unter dem Topfrand enden, um das Gießen zu erleichtern. Nach dem Frühjahrsschnitt mit einem guten Präparat düngen; in der Wachstumsphase Blatt- oder Flüssigdünger zugeben. Ab Hochsommer nicht mehr düngen. Pflanze und Erde täglich auf Krankheitszeichen hin untersuchen und bei Bedarf, wenn der Kompost trocken ist, gründlich gießen.

ROSE IM PFLANZGEFÄSS

Wildtriebe entfernen

Die meisten Rosen werden durch Okulation veredelt. Der dazu verwendete Wurzelstock (Wildling) gehört zu einer anderen, meist viel robusteren Rosenart. Wenn aus diesem Wurzelstock Triebe (Wildtriebe) gebildet werden, sind sie meist kräftiger als die der Kultursorte und können die Pflanze dominieren, wenn sie nicht baldmöglichst entfernt werden. Wildtriebe tauchen meist in einiger Entfernung vom Rosenstock auf. Sie sind an Form und Farbe ihrer Blätter zu erkennen, die sich deutlich von denen der Kulturrose unterscheiden. Zum Entfernen sollte man feste Handschuhe tragen, damit man den Trieb fest packen kann. Der Trieb wird bis zum Wurzelstock vorsichtig freigelegt. Schneidet man ihn nur kurz über dem Boden ab, bleiben häufig schlafende Augen übrig, die zu erneutem Wachstum führen.

1 **Wildtrieb bis zum Wurzelstock** unter der Veredelungsstelle zurückverfolgen; dabei die Erde mit einer Pflanzkelle oder den Händen vorsichtig entfernen.

2 **Wildtrieb fest umfassen** und mit einem kurzen, scharfen Ruck herausreißen. Das ist nicht einfach, führt aber eher zum Erfolg als Schneiden.

Climber- und Rambler-Rosen anbinden

In der Natur halten sich Rosen mit ihren Stacheln wie mit Haken fest, wenn sie durch ihre Wirtspflanzen kriechen. Werden sie an Spalieren entlanggezogen, müssen die neuen Triebe regelmäßig angebunden werden. Zum Befestigen an Spalieren eignen sich Rosenbinder oder eine weiche Schnur in Form einer 8 gebunden; dadurch haben die Triebe genug Platz zum Wachsen und scheuern nicht so am Spalier. Bei Pyramiden mehrere Reihen horizontaler Drähte einziehen und die Triebe spiralförmig daran festbinden. Bei Girlanden die noch jungen und geschmeidigen Triebe um das Seil winden und in regelmäßigen Abständen mit einer weicher Schnur befestigen.

AM DRAHT BEFESTIGEN

AN PYRAMIDE BINDEN

TRIEBE AN EINEM TAU ENTLANGFÜHREN

Rosen schneiden

Rosen können jederzeit geschnitten werden, wenn es zur Gesundheiterhaltung erforderlich ist *(siehe rechte Seite)*. Alle Sorten profitieren mehr oder weniger von einem Saisonschnitt *(siehe S. 38 f.)*. Der Schnitt sollte sauber sein *(siehe unten)* und mit dem richtigen Werkzeug durchgeführt werden. Für Triebe bis 1 cm Durchmesser verwendet man eine Gartenschere, bis 2,5 cm eine Astschere und für größere eine Baumsäge.

Rosentriebe schneiden

Der ideale Schnitt setzt 5 mm über der Triebknospe (Auge) an; er wird schräg geführt, so dass die Schnittfläche vom Auge wegweist und der Regen besser ablaufen kann. Das schmale Blatt der Schere ist die Schneide. Die Schere muss sauber sein und richtig angesetzt werden, um Quetschungen und andere Verletzungen der Triebe zu vermeiden. Sonst kann es zu Infektionen kommen.

SAUBERE SCHNITTE
Bei jeder Form des Rosenschnitts muss sehr genau auf saubere Schnittflächen geachtet werden. Deshalb muss die Gartenschere immer gut geschärft sein. Wird der Trieb verletzt oder ist er zu dicht am Auge, auf das nächste gesunde Auge zurückschneiden.

GUTER SCHNITT

FALSCHE SCHNITTE
Ein schlechter Schnitt quetscht den Trieb und begünstigt Infektionen; ein falscher Winkel leitet das Wasser aufs Auge, ein zu hoher Schnitt führt zum Absterben des Zapfens.

MIT DER GARTENSCHERE SCHNEIDEN
Den Schnitt immer so ansetzen, dass ein gesundes Auge in die gewünschte Wuchsrichtung zeigt. Für Triebe unter 1 cm Durchmesser eine Gartenschere verwenden.

ASTSCHERE VERWENDEN
Schneiden Sie große Triebe mit der Astschere; der Trieb muss bequem in die Scherenöffnung passen. Je länger die Griffe sind, desto mehr Hebelkraft steht zur Verfügung.

TOTES, KRANKES UND BESCHÄDIGTES HOLZ ENTFERNEN

Zum Entfernen von totem, krankem und beschädigtem Holz ist die Ruhephase der Rose eigentlich die beste Zeit des Jahres. Allerdings können durch das Aneinanderreiben von Trieben Verletzungen entstehen, die das Eindringen von Schädlingen begünstigen. Deshalb sollte dieses Holz das ganze Jahr über entfernt werden. Kleine, saubere Schnitte heilen viel besser als durch Scheuern entstandene Verletzungen; daher sollte man den Trieb bis zu einem Auge zurückschneiden, das in eine bessere Richtung zeigt.

Bei Rosen wird abgestorbenes Holz nach einer Weile von den pflanzeneigenen Schutzmechanismen isoliert; es entsteht eine Trennlinie zwischen lebendem und totem Gewebe. Wenn möglich sollte immer kurz über dieser Linie geschnitten werden; anderenfalls gehen Sie bis zur nächsten gesunden Triebknospe zurück. Manchmal wird totes Holz auch durch eine fortschreitende Krankheit verursacht, die den Trieb hinabwandert und das Mark braun färbt.

ABGESTORBENES ENTFERNEN
Bräunliche, trockene Triebe ohne scharfe Abgrenzung zu gesundem Gewebe bedeuten Absterben. Um`das Fortschreiten aufzuhalten, muss befallenes Holz entfernt werden. Auf ein Auge zurückschneiden, das von weißem bis hellgrünem Mark umgeben ist.

VERWELKTE BLÜTEN ENTFERNEN

Es hat schon etwas Heilsames, an einem warmen, trockenen Sommerabend verwelkte Blüten zu entfernen. Wenn es richtig gemacht wird, profitieren Rose und Gärtner gleichermaßen davon: Es verbessert das Aussehen, verhindert, dass die Pflanze ihre Energie zur Samenbildung verbraucht und regt bei öfter blühenden Rosen das Austreiben neuer, gesunder Blüten an. Niemals nur den Blütenkopf abschneiden; immer bis zum nächsten großen Blatt, zwei bis drei Augen weiter unten, herunterschneiden.

BÜSCHELBLÜTIGE ROSEN
Das ganze Blütenbüschel entfernen. Im richtigen Winkel bis zu einem gesunden Auge weiter unten am Trieb schneiden.

GROSSBLUMIGE UND EDELROSEN
Die verwelkte Blüte bis zu einem gesunden Auge oder Seitentrieb weiter unten am Trieb herunterschneiden. Das regt die Nachblüte an.

BEETROSEN SCHNEIDEN

ZU DEN MODERNEN BEETROSEN gehören großblumige und büschelblütige Rosen genauso wie ihre kleineren Vertreter, die Patio-, Miniatur- und Bodendecker-Rosen, die jedoch relativ wenig Rückschnitt brauchen. Die meisten Beetrosensorten sind öfter blühend, einige sogar dauerblühend vom Sommer bis spät in den Herbst hinein. Sie blühen in verschwenderischer Fülle am jungen Holz und sollten mit Ausnahme der Bodendecker-Rosen jährlich in der Ruhephase zurückgeschnitten werden. So wird verhindert, dass die Pflanze unten verkahlt, und es entsteht ein kräftiger, niedriger Busch mit üppiger Blüte.

GROSSBLUMIGE BEETROSEN SCHNEIDEN

Diese Rosen werden bei der Pflanzung oder in der ersten Ruhephase *(siehe S. 30)* stark, das heißt auf 7–15 cm, zurückgeschnitten. Gut entwickelte Triebe auf ein nach außen zeigendes Auge zurückschneiden, damit die neuen Triebe von der Mitte nach außen wachsen. Während der Wachstumsphase krankes, totes und beschädigtes Holz, querstehende Triebe, Wildtriebe und verwelkte Blüten entfernen *(siehe S. 37)*.

In der Ruhephase die schwachen und unproduktiven Triebe herausnehmen und die anderen zu einem offenen, harmonisch geformten Busch zurückschneiden. Das verhindert das Verkahlen der unteren Triebe und die übermäßige Bildung von totem Holz. Außerdem kommt so genug Licht in die Mitte; die Luft kann besser zirkulieren, und die Gefahr von Pilzerkrankungen wird erheblich verringert.

GROSSBLUMIGE BEETROSEN
In der Ruhephase zwischen Herbst und Frühling schneiden. In kaltem Klima bis zum Spätfrühling warten, um Frostschäden an jungen Trieben zu vermeiden.

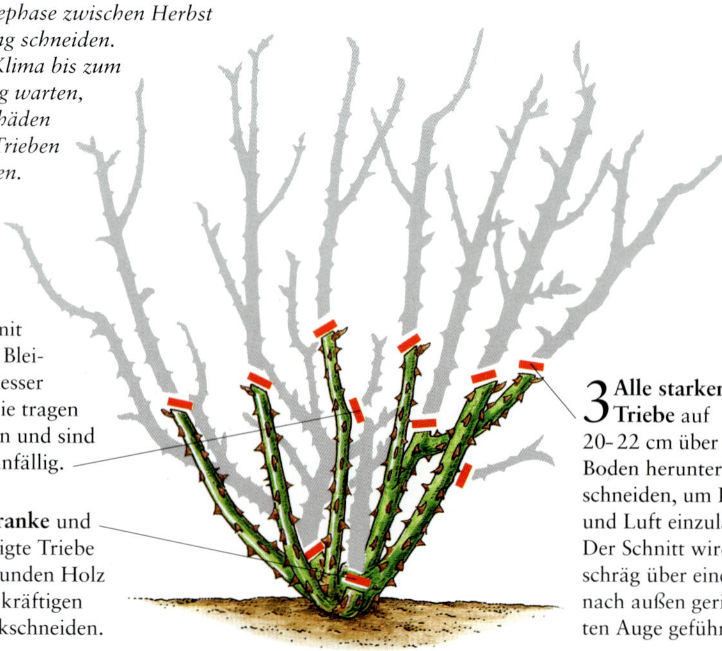

1 Lange Triebe mit weniger als Bleistiftdurchmesser entfernen; sie tragen kaum Blüten und sind krankheitsanfällig.

2 Tote, kranke und beschädigte Triebe bis zum gesunden Holz oder einem kräftigen Auge zurückschneiden.

3 Alle starken Triebe auf 20-22 cm über dem Boden herunterschneiden, um Licht und Luft einzulassen. Der Schnitt wird schräg über einem nach außen gerichteten Auge geführt.

RÜCKSCHNITT ALS WINTERSCHUTZ

In kalten Gegenden werden Rosen erst am Ende der Ruhephase im Frühling zurückgeschnitten. Allerdings bieten die langen Triebe im Winter Windwiderstand; dadurch erhöht sich die Gefahr einer Beschädigung oder Erkrankung. Die heftigen Bewegungen der Triebe lockern die Erde und führen zu einer Lücke zwischen Wurzeln und Boden. Wenn dort Wasser eindringt und gefriert, kann die Veredelungsstelle – die empfindlichste Stelle einer Rose – irreparabel beschädigt werden. Deshalb werden alle Triebe im Herbst zwischen einem Drittel und der Hälfte ihrer Länge gekürzt. Nach Frost oder Sturm wird der Busch überprüft und wenn nötig mit Erde an der Basis stabilisiert.

VORHER NACHHER

BÜSCHELBLÜTIGE BEETROSEN SCHNEIDEN

Dieser Rosentyp wird im Prinzip genauso geschnitten wie die großblumigen Beetrosen, wenn auch nicht so stark. Der Charme dieser Rosen liegt in den zahlreichen Blütenbüscheln. Deshalb werden lange Triebe mit vielen Augen erhalten, da aus jedem Auge ein Blütentrieb sprießen kann. Beim Entfernen vieler verwelkter Blüten ist es bei Büschelblütigen manchmal schwer, ein geeignetes Auge zu finden. In dem Fall schneidet man auf die gewünschte Höhe zurück. Dadurch werden schlafende Augen zum Wachstum angeregt; so entstehende Zapfen können entfernt werden.

BÜSCHELBLÜTIGE BEETROSEN

Beim Pflanzen oder in der ersten Ruhephase wie großblumige Beetrosen stark zurückschneiden: auf nach außen stehende Augen 7–15 cm über dem Boden. Später weniger stark schneiden, um Blütenfülle zu gewährleisten.

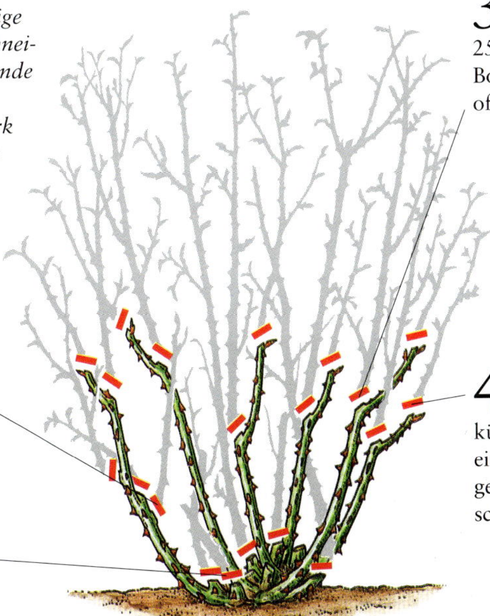

1 Querstehende Triebe oder solche, die aneinander reiben, an der Basis entfernen.

2 Tote, kranke und beschädigte Triebe bis zur Basis zurückschneiden.

3 Durch Rückschnitt auf 25–30 cm über dem Boden den Busch offen halten.

4 Seitentriebe auf 2–3 Augen kürzen; immer auf ein nach außen gerichtetes Auge schneiden.

Patio- und Miniaturrosen schneiden

Patiorosen sind im Wesentlichen Zwergausgaben der büschelblütigen Rosen und werden genauso und zur gleichen Zeit geschnitten wie ihre großen Schwestern – allerdings nicht so stark. Im Sommer werden verwelkte Blüten entfernt, in der Ruhephase erfolgt der Rückschnitt. Miniaturrosen, winzige Ausgaben der großblumigen und büschelblütigen Beetrosen, werden beim Pflanzen auf 5–8 cm zurückgeschnitten. Blühen und gedeihen sie gut, ist nur wenig Rückschnitt nötig. Wächst die Rose schlecht, wird sie stark zurückgeschnitten. Nur die stärksten Triebe werden erhalten und auf zwei Drittel gekürzt.

MINIATURROSEN
Genaue Höhenangaben zu machen ist wegen der unterschiedlichen Größen schwierig. Die Faustregel ist, die Triebe auf ein Drittel ihrer Länge zurückzuschneiden.

1 Bei dichten Büschen die ältesten Triebe entfernen. Totes, krankes, beschädigtes und quer stehendes Holz entfernen.

2 Spitzen der Haupttriebe schneiden und die letzten verwelkten Blüten entfernen.

3 Seitentriebe auf 2–3 Augen zurückschneiden, um Überfüllung zu verhindern und Knospenbildung im nächsten Jahr anzuregen.

Bodendecker-Rosen schneiden

Bei strauchartigen Bodendecker-Rosen werden nur totes Holz und verwelkte Blüten entfernt. Eventuell müssen überlange Triebe etwas gekürzt und Seitentriebe zurückgeschnitten werden, um den Strauch auszulichten. Je nach Platzangebot werden bei langtriebigen Sorten die Triebe am Boden befestigt *(siehe unten und rechts)*.

AM BODEN BEFESTIGT
werden flexible, wurzelbildende Triebe von Bodendecker-Rosen des Rambler-Typs, um die Blühfreudigkeit zu erhöhen.

LANGE, RAMBLER-ARTIGE TRIEBE
Hier ist nur ganz wenig Rückschnitt erforderlich. Zu lange Triebe auf ein nach außen gerichtetes Auge oder einen Trieb kürzen.

Stammrosen schneiden

Beim Schneiden von Stammrosen soll eine ausgewogene, offene Krone erreicht werden. Die Höhe des Stammes variiert: von Zwergstämmen (30–40 cm) über Halbstämme (60 cm) und Hochstämme (90 cm) bis zu den Kaskadenrosen (Trauerstämme; 140 cm). Der Schnitt dieser Rosen richtet sich danach, welche Rosenklasse auf den Stamm veredelt wurde. Am besten stellt man sich vor, man würde eine großblumige Beetrose oder eine büschelblütige Rose schneiden und die Veredelungsstelle wäre auf Bodenhöhe. Öfter blühende Rosen in der Ruhephase schneiden; einmal blühende Rosen nach der Blüte.

WILDTRIEBE AN STAMMROSEN
Während der Wachstumsphase den Stamm auf Wildtriebe untersuchen und diese abknipsen.

VORHER
Die Triebe wurden im Herbst gekürzt, um Winterschäden zu vermeiden. Wenn die Frostgefahr vorüber ist, zu ausgewogener Krone zurückschneiden; das fördert die Blüte.

NACHHER
Totes, quer stehendes und altes Holz wurde entfernt. Von der Veredelungsstelle aus sind die verbleibenden Triebe auf 20 cm, die Seitentriebe auf 2–3 Augen gekürzt.

Kaskadenrosen schneiden

Kaskadenrosen sind Rambler-, flexible Climber- oder kriechende Bodendecker-Rosen auf Hochstamm veredelt. In den ersten Jahren nicht zurückschneiden; nur totes, krankes und beschädigtes Holz entfernen. Instabile Triebe auf kräftige Augen zurückschneiden. Später werden sie entsprechend ihrer Herkunft geschnitten. Wuchsfreudige Rambler produzieren oft so viele neue Triebe, dass die Blüten tragenden jährlich bis zur Basis zurückgeschnitten werden können. Bei weniger wuchsfreudigen jeden dritten der blütentragenden Triebe zurückschneiden; dabei auf die Stellung der Augen achten.

TRIEBE KÜRZEN

HOLZ ENTFERNEN

STRAUCHROSEN SCHNEIDEN

ZU DIESER GRUPPE GEHÖREN WILDROSEN, Alte Rosen und moderne Strauchrosen. Im Gegensatz zu den modernen Beetrosen blühen sie meist am alten Holz. Sie sollten ihre Anmut und ihren natürlichen Wuchs entwickeln; ein leichter Schnitt sorgt für ein ausgewogenes Verhältnis von altem Holz und neuen Trieben. Welchen Schnitt die Rose benötigt, hängt von Wuchs und Blühgewohnheit der jeweiligen Kultursorte ab. Im Allgemeinen werden einmal blühende Rosen nach der Blüte, öfter blühende dagegen in der Ruhephase geschnitten.

ALTE ROSEN SCHNEIDEN

Alte Rosen werden beim Wachsen nur vorsichtig geschnitten: Überlange Triebe kürzen, altes Holz entfernen. Für etablierte Rosen gibt es zwei Schnittmethoden *(siehe Kasten rechts)*. Dicht wachsende Sorten wie die Gallica-Rose behandeln. Jährlich 1–2 alte Triebe entfernen und Seitentriebe dicht am Haupttrieb kürzen, um zu dichtes Astwerk zu vermeiden. Rosen mit überhängendem Wuchs wie Alba-Rosen schneiden.

ETABLIERTE GALLICA-ROSE

Nach der Blüte leichter Schnitt, um Überfüllung zu vermeiden. Altes, totes, quer stehendes und krankes Holz wird entfernt. Im Herbst können überlange Triebe gekürzt werden, damit sie im Winter keinen Schaden nehmen.

3 **Seitentriebe** auf ein Drittel ihrer Länge kürzen; auf starkes, nach außen gerichtetes Auge schneiden.

2 **Zur Gesunderhaltung** totes, beschädigtes oder schwaches Holz entfernen; ebenso Triebe, die aneinander scheuern.

1 **Ein oder zwei alte,** holzige Triebe an der Basis entfernen.

EINTEILUNG DER STRAUCHROSEN

• Alba-Rosen werden wie Gallica-Rosen behandelt *(siehe links unten)*. Da sie aber nicht so dicht wachsen, braucht nur selten ein Haupttrieb entfernt zu werden. Nach der Blüte Haupttriebe um ein Drittel kürzen, Seitentriebe um zwei Drittel. Überlange Triebe im Herbst etwas einkürzen *(siehe S. 39)*; auf nach außen wachsende Triebe zurückschneiden.

• Damaszener-Rosen, Zentifolien und Moosrosen werden wie Alba-Rosen geschnitten. Heckenrosen können im Winter leicht gestutzt werden; kein Formschnitt!

• Bourbon-, China- und Portland-Rosen werden wie Alba-Rosen geschnitten; da sie öfter blühend sind, wartet man bis zur Ruhephase.

• Moschata-Hybriden sind wuchsfreudige, dicht belaubte Sträucher, die öfter blühen. In der Ruhephase entfernt man einen der drei ältesten Triebe, kürzt die anderen bis zu einem Drittel und schneidet die Seitentriebe auf halbe Länge.

• Rugosa-Rosen sind öfter blühend und tragen Hagebutten. Sie werden im Winter geschnitten. Man kürzt lange Triebe leicht ein und entfernt gelegentlich alte.

MODERNE STRAUCHROSEN SCHNEIDEN

Moderne Strauchrosen brauchen kaum geschnitten zu werden. Einige sind Versionen büschelblütiger Beetrosen und werden dementsprechend geschnitten *(siehe S. 39)*. Die Haupttriebe werden um ein Drittel, die Seitentriebe um zwei Drittel gekürzt.

1 Wird der Strauch zu dicht, einen oder zwei der ältesten unproduktiven Triebe an der Basis entfernen.

2 Spitzen der Seitentriebe am Rand der Pflanze schneiden.

3 Alte, kranke, beschädigte und quer stehende Triebe entfernen.

Climber und Rambler schneiden

Kletterrosen können zum Begrünen verschiedener Gebilde verwendet werden. Die meisten werden jedoch an Zäunen oder Mauern hochgezogen. Dabei stützt man sie durch horizontale Drähte oder Verstrebungen, die wegen der Belüftung mindestens 5 cm Abstand von der Mauer haben müssen. Wird die Rose sorgfältig gezogen und festgebunden, ist auch das Anbringen und Befestigen der Binder beim Schneiden einfach. Es kommt nämlich vor, dass ganze Triebe entfernt werden müssen: bei Climbern gelegentlich, bei Ramblern regelmäßig.

Climber-Rosen schneiden

Fast alle Climber sind öfter blühend und werden in der Ruhephase geschnitten. Beim Pflanzen erfolgt kein Schnitt; nur totes oder beschädigtes Holz oder schwache Triebe werden entfernt. Verzweigt die Pflanze in der Wachstumsphase wenig, werden die Langtriebe um 5–8 cm auf ein starkes Auge gekürzt; das fördert die Seitentriebe. Langtriebe werden so horizontal wie möglich fächerförmig an der Stütze befestigt. Die untere Mauer sollte von Anfang an bedeckt sein; spätere Lücken sind kaum zu füllen.

ETABLIERTE CLIMBERROSE
Der Schnitt am Anfang der Ruhephase im Spätherbst verhindert, dass lange Triebe im Winter Schaden nehmen. Rosen an Mauern stehen relativ geschützt. Der Schnitt braucht daher nicht auf den Frühling verschoben zu werden.

1 **Blüten tragende Triebe** auf ein Drittel ihrer Länge kürzen; Schnitt schräg über einem gesunden Trieb oder Auge ansetzen.

2 **Binder prüfen und lockern,** wenn sie den Trieb einengen. Triebe, die aneinander reiben, anders festbinden oder kürzen.

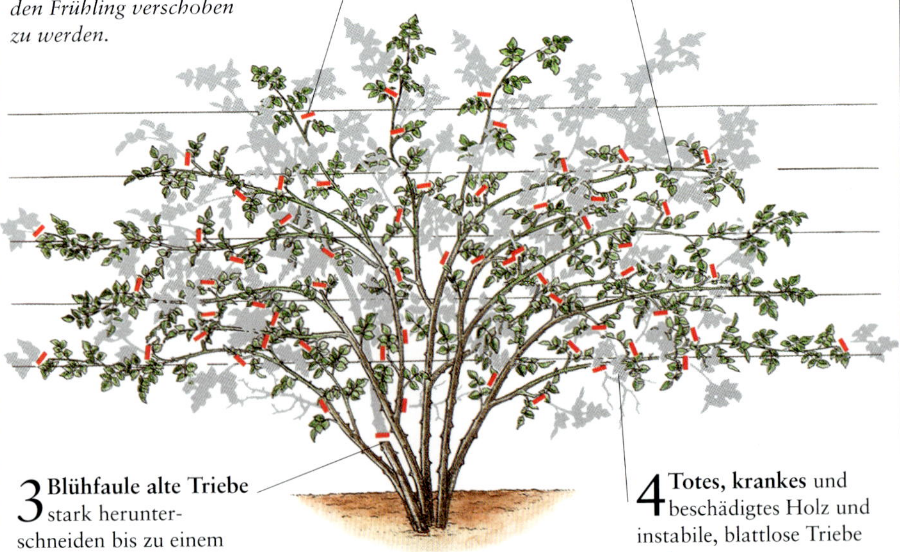

3 **Blühfaule alte Triebe** stark herunterschneiden bis zu einem gesunden Auge oder Trieb.

4 **Totes, krankes** und beschädigtes Holz und instabile, blattlose Triebe entfernen.

RAMBLER-ROSEN SCHNEIDEN

Rambler treiben jedes Jahr von der Basis neue Triebe und blühen am vorjährigen Holz besonders reichlich. Daher werden sie anders geschnitten als Climber. Rambler blühen meist einmal im Sommer und werden direkt nach der Blüte geschnitten. Beim Pflanzen schneidet man die Triebe auf 40 cm Höhe zurück, um einen starken Austrieb zu fördern. Rambler-Rosen sind weichtriebig und lassen sich daher leichter an Spalieren ziehen als Climber. Bei etablierten Pflanzen wird jeder dritte alte Trieb entfernt, um den Neuaustrieb anzuregen. Alle Blüten tragenden Triebe können zurückgeschnitten werden, aber das verändert das Aussehen der Pflanze. Außerdem blühen Rambler am selben Holz mehrere Jahre lang und besonders reichlich.

ROSEN AUSSER REICHWEITE

Schneidet man Climber- und Rambler-Rosen nicht, wachsen sie unaufhörlich nach oben, um das Sonnenlicht optimal auszunutzen. Sie blühen nur an den Triebspitzen. Das lässt sich vermeiden, wenn sie von Anfang an richtig geschnitten werden. Vernachlässigte Exemplare können durch einen Radikalschnitt wieder zur üppigen Blüte angeregt werden. Bei Ramblern schneidet man entweder alle Triebe bis zur Basis zurück und wartet ein Jahr auf neue Blüten, oder man entfernt alte, sterbende Triebe, lässt 3–4 junge stehen und kürzt deren Seitentriebe auf 8–10 cm ein. Bei Climbern schneidet man ein Drittel der Langtriebe auf 30 cm zurück. Wenn die Pflanze dazu in der Lage ist, treibt sie von unten neu aus. Bei manchen Kultursorten funktioniert das jedoch nicht. In diesen Fällen kann man die Verkahlung durch Begleitpflanzen kaschieren.

RAMBLER SCHNEIDEN
Ziel ist es, alte blühfaule Triebe regelmäßig durch neue, blühwillige zu ersetzen.

1 **Ein Drittel** der ältesten Triebe bis zum Boden zurückschneiden. Stück für Stück herausnehmen, damit andere Triebe nicht geschädigt werden.

2 **Die Seitentriebe der restlichen** Triebe auf zwei Drittel kürzen, um den Neuaustrieb zu fördern.

3 **Die Spitzen der Langtriebe** 5–8 cm kürzen, um sie in Schach zu halten und blühwillige Triebe zu fördern.

4 **Die Binder in der Wachstumsphase** überprüfen und eventuell lockern. Neue Triebe regelmäßig mit 8-förmigen Schlaufen einbinden, damit sie Spielraum haben.

MIT ROSEN GESTALTEN

EINIGE DER SCHÖNSTEN GESTALTUNGSMÖGLICHKEITEN ergeben sich in der Höhe, zum Beispiel mit Säulen und Pyramiden. Der Schlüssel zum Erfolg liegt darin, die Prinzipien richtig anzuwenden, die auch für horizontale Spaliere gelten. Dadurch sprießen die Seitentriebe auf der vollen Länge des Haupttriebs, nicht nur oben an der Spitze. Für diese Art der Gestaltung sind weichtriebige Rosen am besten geeignet.

ROSEN AN EINER PYRAMIDE

In 25 cm Abstand von jedem Pfosten eine weichtriebige Rose pflanzen. Climber- und Strauchrosen müssen bei der Pflanzung geschnitten werden; Rambler werden auf 40 cm zurückgeschnitten, um neuen Austrieb anzuregen. Die Triebe in der Wachstumsphase in einer flachen Spirale um das Stützgerüst führen und festbinden. Werden die Triebe parallel angeordnet, fällt später das Schneiden leichter. Die Optik stört das nicht, weil das Laub die Triebe verdeckt.

ROSENPYRAMIDE SCHNEIDEN
Etablierte Climber-Rosen brauchen ein dauerhaftes Grundgerüst aus Langtrieben. Im Herbst verblühte Seitentriebe auf ein nach außen gerichtetes Auge zurückschneiden. Bei etablierten Ramblern nach der Blüte Seitentriebe auf zwei Drittel kürzen und Spitzen der Langtriebe schneiden. Jährlich einen oder zwei Haupttriebe entfernen.

1 **Abgeblühte Seitentriebe** kürzen. Neue Triebe, die nicht eingebunden werden können, entfernen, um die Silhouette zu erhalten.

2 **Einige ältere Triebe** bis zu jungen Nachfolgern herunterschneiden. Neue einbinden. Alte Triebe in Teilstücken entfernen, damit andere dabei nicht beschädigt werden.

3 **Neue Triebe** aus der Basis vorsichtig spiralförmig um das Gerüst winden und einbinden; wenn möglich Lücken im unteren Bereich damit schließen.

ROSENGIRLANDEN SCHNEIDEN

Für Rosentaue und Rosenleitern (Doppelgirlanden) braucht man starke Pfeiler von 2–2,5 m Höhe. Das Schiffstau sollte 1,2–1,5 m länger sein als der Abstand zwischen den Pfeilern, so dass es durchhängt und die Blüten auf Augenhöhe bringt. Man setzt im Abstand von 30 cm an jeden Pfeiler eine Rose und führt die Triebe senkrecht hinauf und dann am Seil entlang. Bei einfachen Girlanden zieht man die Rosen so, dass sie sich in der Mitte treffen; bei Doppelgirlanden werden alle Rosen in eine Richtung gezogen bis auf die am letzten Pfeiler: Sie wächst den anderen entgegen. Abgeblühte Triebe werden jährlich geschnitten, neue in die Silhouette eingefügt.

1 **Vor dem Schnitt** auf neue Triebe achten, die die Silhouette stören. Vor dem Einbinden einige andere entfernen, damit die Ranken nicht zu dicht wachsen und die Belüftung gewährleistet ist.

2 **Feste Handschuhe** und Sicherheitsbrille schützen vor den Stacheln. Rosentriebe sorgfältig abwickeln, damit jeder Langtrieb und seine Seitentriebe unterschieden werden können.

3 **Abgeblühte Seitentriebe** auf einen starken Trieb zurückschneiden; dabei soll in Wuchsrichtung eine L-Form entstehen. Wachsen Triebe parallel zum Tau, lassen sie sich besser einbinden.

4 **Darauf achten,** dass an der Achse Haupttrieb-Seitentrieb keine Beschädigungen entstehen. L-förmige Triebe vorsichtig um das Tau winden und in Abständen mit weichem Bindeband 8-förmig befestigen.

Die gesunde Rose

Einen besonders wichtigen Beitrag für die Gesunderhaltung der Rose leistet der Boden, in dem sie wächst. Er sollte gut belüftet und fruchtbar sein sowie die Feuchtigkeit aufnehmen, ohne Staunässe zu bilden. Im Herbst wird deshalb mit gut verrottetem Kompost gemulcht, im Frühling und nach der ersten Blüte gedüngt. So werden Rosen stark, widerstandsfähig und erholen sich schnell von Schädlingsbefall oder Krankheiten. Wichtig ist auch ein guter Schnitt, damit genug Luft und Licht an alle Teile der Pflanze kommt. Totes, krankes oder beschädigtes Holz und verwelkte Blüten werden entfernt, damit die Pflanze ihre Energie nicht vergeudet.

Probleme vermeiden

Beim Besuch eines Rosariums fällt auf, dass manche Rosensorten gesünder sind als andere, obwohl ihre Wachstumsbedingungen gleich sind. Einige Rosenklassen wie die Alba- und Rugosa-Rosen, die meisten Kletterrosen und viele moderne Strauchrosen sind resistenter als andere. Als Erstes sollte man bereits bei der Auswahl der Rose auf eine gesunde Sorte achten. Die Pflege der Rose ist der zweite wichtige Schritt zum Erfolg. Erkrankte Pflanzenteile, auch abgefallene Blätter mit Pilzsporen sofort entfernen und verbrennen oder anderweitig vernichten. Gute Luftzirkulation hilft bei der Vorbeugung von Pilzerkrankungen. Drittens sollte man Bedingungen schaffen, unter denen sich viele Nützlinge ansiedeln. Marienkäfer, Schwebfliegen und Raubwespen fressen zum Beispiel Blattläuse. Wer zu einem chemischen Mittel greift, sollte sich vorher genau darüber informieren, wer Freund und wer Feind ist.

MARIENKÄFER

BLINDE TRIEBE
Bekommt die Spitze eines Triebes Frost ab, bildet sie meist keine Blütenknospen mehr. Auf ein Auge in einer Blattachsel zurückschneiden.

ROBUSTE ROSEN

- ›Alexander‹
- ›Anna Ford‹
- ›Escapade‹ 🏆 *(büschelblütig, rosaviolett)*
- ›Francine Austin‹ *(büschelblütig, reinweiß)*
- ›Heideröslein‹ (›Nozomi‹)
- ›Hertfordshire‹
- ›Indian Summer‹
- ›Ingrid Bergman‹ 🏆
- ›Just Joey‹
- ›Kent‹
- ›Little Bo-peep‹
- ›Lovely Lady‹ 🏆
- ›Mariandl‹
- ›Mary Rose‹
- ›Rose Gaujard‹ *(großblumig, karminrot, hellere Unterseite)*
- ›Sheila's Perfume‹
- ›Sommerwind‹
- ›Suma‹ 🏆 *(Bodendecker, pink)*
- ›Sun Cover‹
- ›Sweet Dream‹ 🏆
- ›Tequila Sunrise‹ 🏆
- ›The Fairy‹ 🏆
- ›The Lady‹ 🏆 *(großblumig, gelb)*
- ›The Queen Elizabeth‹ 🏆
- ›Zonta-Rose‹ (›Princess Alice‹) 🏆

Schadensbegrenzung

Es lässt sich kaum vermeiden, dass Rosen irgendwann einmal unter Krankheiten oder Schädlingen leiden *(siehe unten)*. Wer sofort darauf reagiert, kann den Schaden begrenzen. Geht eine Rose durch Krankheit verloren, sollte auch der Boden bearbeitet werden, um Infektionsherde zu entfernen. Sollen wieder Rosen gepflanzt werden, muss der Boden ausgetauscht werden, weil er »rosenmüde« ist und neue Rosen dort sonst nicht gedeihen. Auf etablierte Rosen hat die Bodenmüdigkeit keinen Einfluss. Davon betroffene neue Rosen erholen sich manchmal, wenn sie umgesetzt werden. Im Wurzelbereich immer per Hand jäten, um Verletzungen der Haarwurzeln zu vermeiden.

SPRITZMITTEL

Es gibt heutzutage chemische Spritzmittel, die bei fachgerechter Anwendung relativ umweltverträglich sind und Schädlinge oder Krankheiten wirkungsvoll bekämpfen. Wägen Sie dennoch genau ab, ob der Einsatz wirklich nötig ist. Kleinere Infektionen können durch Abknipsen der betroffenen Pflanzenteile bekämpft werden; Schädlinge kann man zerdrücken. Falls Sie ein Spritzmittel einsetzen, verwenden Sie ein nützlingschonendes, das gezielt gegen einen bestimmten Schädling (zum Beispiel die Blattlaus) wirkt. Eine Kombination von Insektiziden und Fungiziden ist nur im Extremfall angebracht, wenn beide Probleme überhand genommen haben. Beachten Sie die Hinweise des Herstellers zu Art und Zeit der Anwendung und der Menge genau.

BLATTLÄUSE
Sofort bei Auftreten ab Frühlingsmitte bekämpfen: zerdrücken oder besprühen.

ROSENBLATTROLLWESPE
Eingerollte Blätter von Spätfrühling bis Sommer; harmlos, aber hässlich. Befallene Blätter entfernen und vernichten.

STERNRUSSTAU
Schwarze Flecken, Gelbfärbung und Blattverlust. Nach dem Frühlingsschnitt Systemfungizid nach Anweisung einsetzen.

MEHLTAU
Weiß bestäubte Blätter sofort entfernen und vernichten; Systemfungizid nehmen. Pflanzen gut wässern.

ROSENZIKADEN
Im Sommer fleckige Verfärbung der Blätter; auf der Unterseite kleine, helle Insekten. Nützlingschonendes Insektizid einsetzen.

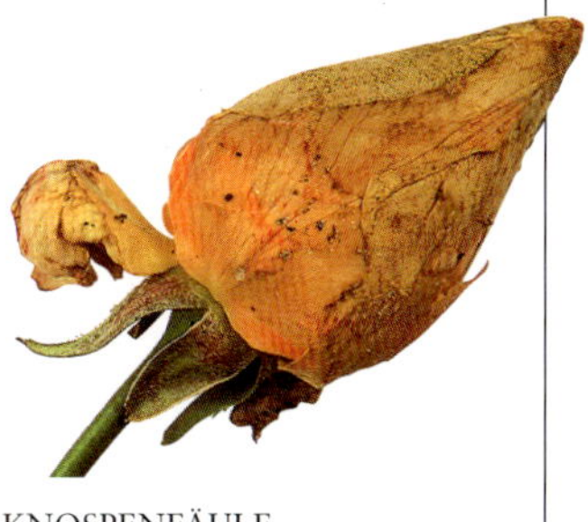

KNOSPENFÄULE
Bei feuchtem Wetter. Keine direkten Schäden; trotzdem Knospe entfernen, bevor Fäulnis und Triebsterben einsetzen.

ROSEN VORZEIGEN

ROSEN SIND WUNDERVOLLE SCHNITTBLUMEN, und mit ein wenig Pflege *(siehe unten)* lässt sich ihre Pracht verlängern. Eigene Rosen auf einer Ausstellung zu präsentieren, kann eine sehr befriedigende, aber auch zeitaufwendige Aufgabe sein. Bei einer Rosenschau müssen die Standards der Kultursorten einwandfrei erfüllt werden. Wenn Sie jedoch Zeit und Lust haben, Ihre Rosen auf Ausstellungen zu präsentieren, sollten Sie als Erstes einem Verein von Rosenfreunden beitreten, wo man Ihnen mit Rat und Tat zur Seite steht.

ROSEN PRÄSENTIEREN

Ausstellungsrosen werden meist in Gruppen von dreien oder mehr gezeigt, um die perfekte Blüte auswählen zu können. Die Pflanzen werden auf eine bestimmte Anzahl Triebe zurückgeschnitten und stark gedüngt, um nur 8–9 Blüten im Jahr hervorzubringen. Viele Knospen werden entfernt, um hochwertige Blüten zu erhalten. Außerdem gibt es strenge Regeln, in welchem Öffnungszustand Rosen auf der Schau präsentiert werden müssen: Großblumige zum Beispiel sollen zu drei Vierteln geöffnet sein; bei Büschelblütigen verlangen die Richter, dass einige Blüten geöffnet sind, ohne dass die Staubgefäße verblassen.

GROSSBLUMIGE KNOSPEN ENTFERNEN *Neue Knospen an der Seite abknipsen, damit die Hauptknospe sich kräftig entwickelt.*

BÜSCHELBLÜTIGE KNOSPEN ENTFERNEN *Die mittlere Knospe abknipsen, damit die anderen sich gleichzeitig öffnen.*

SCHNITTROSEN RICHTIG PFLEGEN

Fast alle Rosen sind als Schnittrosen geeignet, aber sie benötigen meist Unterstützung durch Steckschaum oder Steckdraht. Rosen schneidet man am besten früh am Tag, wenn sie zu drei Vierteln geöffnet sind. Dabei sollte man 30 cm Stiel mitschneiden. Stacheln und untere Blätter werden entfernt; dann legt man die Rose für einige Stunden bis zum Hals in frisches, kaltes Wasser. Noch im Wasser den Stiel schräg anschneiden, das verlängert die Haltbarkeit. In die Blumenvase gibt man Schnittblumennahrung; das Wasser wird alle 2–3 Tage gewechselt. Rosen passen gut zu Rittersporn, zartem Schleierkraut oder Kornblumen. Als Laubkontrast eignen sich die silbrigen Blätter des Wermut, verschiedene Farne oder die dunklen Zweige des Perückenstrauchs.

WILDE SCHÖNHEIT *Selbst Wildrosen eignen sich als Schnittblumen. Sie sind im Strauß mit anderen Wildblumen besonders hübsch. Interessantes Laub bieten* R. pimpinellifolia, *die graublättrige* R. glauca *oder* R. rugosa (oben).

DER ROSENKALENDER

FRÜHLING

- Neue Container-Rosen und Rosen mit nackten Wurzeln pflanzen. Bei Verzögerungen Container-Rosen gut wässern; Rosen mit nackten Wurzeln einschlagen; vor und nach dem Pflanzen gut wässern.
- Neu gepflanzte moderne Beet- und Standardrosen und andere öfter blühende Rosen zeitig zurückschneiden.
- Wenn der Boden gut durchfeuchtet ist, etablierte Rosen an der Basis düngen; gut wässern. Mit gut verrottetem Kompost mulchen.
- Rosen in Pflanzgefäßen bei Bedarf umtopfen; mit speziellem Rosendünger düngen.
- Pflanzen ab jetzt regelmäßig auf Krankheiten und Schädlinge untersuchen *(siehe S. 49)* und sofort behandeln.
- Vorhandene Wildtriebe entfernen.

SOMMER

- Neue Container-Rosen pflanzen, wenn es nicht zu trocken ist. Gut wässern, bis sie angegangen sind.
- Gallica-Rosen ausdünnen; einmal blühende Rosen nach der Blüte zurückschneiden.
- Bei öfter blühenden Rosen und dort, wo Hagebutten nicht erwünscht sind, verwelkte Blüten entfernen. Nach der ersten Blüte noch einmal düngen.
- Bei längerer Trockenheit Gartenrosen gründlich wässern; Rosen in Pflanzgefäßen wenn nötig täglich.
- Regelmäßig Unkraut jäten.
- Pflanzen auf Krankheiten und Schädlinge untersuchen und sofort behandeln.
- Neue Langtriebe der Kletterrosen anbinden.
- Pflanzenkataloge durchgehen und für die Herbstpflanzung bestellen.

HERBST

- Boden für neue Pflanzungen vorbereiten; gut umgraben und mit organischem Dünger anreichern.
- Lange Triebe der Climber-Rosen kürzen; in milden Gebieten mit dem Schneiden der Beetrosen beginnen.
- Lange Triebe der Beet- und Strauchrosen kürzen, um Windschäden im Winter zu vermeiden.
- Heckenrosen schneiden; Rosen mit Hagebutten erst später.
- Bei guten, feuchten Bodenverhältnissen Rosen mit nackten Wurzeln pflanzen. Bei schlechtem Wetter einschlagen und bis zur Pflanzung feucht halten.
- Sommerblühende Begleitstauden zurückschneiden; wenn nötig teilen und umsetzen.
- Totes Holz, abgefallenes Laub und anderen Abfall aufsammeln und vernichten, vor allem infizierte Teile.

WINTER

- In milden Wetterphasen kann gepflanzt werden; der Boden darf weder feucht noch gefroren sein. Verzögert sich die Pflanzung von Container-Rosen, Töpfe und Wurzeln vor Frost schützen.
- Junge Rosen an schlechten Standorten umpflanzen; nicht an Stellen setzen, wo vorher Rosen waren.
- Nach Frost und Sturm Festigkeit der Rosen prüfen; eventuell Erde wieder festtreten.
- In kalten Wintern Rosen anhäufeln, das heißt Veredelungsstelle mit Erde bedecken. Bei extremer Kälte Pflanze mit Reisig oder einer dicken Lage Strohmulch schützen; Kletterrosen mit Reisig abdecken und diesen festbinden oder mit einem Netz befestigen.
- Alte, vernachlässigte Rosen aller Klassen zurückschneiden.

BEWÄSSERUNG IN DEN FERIEN
Ein voller Wassereimer mit einem Stoffstreifen, der in die Blumenerde gesteckt wird, versorgt die Pflanze im Urlaub mit Wasser.

ERDE ANHÄUFELN
In Gebieten, in denen die Temperatur im Winter unter –10 °C fällt, wird im Spätherbst ein Erdhügel von mindestens 12 cm angehäuft, um die Veredelungsstelle vor Frost zu schützen.

DIE ROSEN-GALERIE

DIE HIER AUFGEFÜHRTEN ROSEN sind in Klassen eingeteilt, die von den Rosengesellschaften weltweit anerkannt werden. Sie sind nach Blütenform, Größe und Wuchs eingeteilt, und alle sind winterhart. Pflanzen mit dem Symbol 🏆 wurden von der Royal Horticultural Society ausgezeichnet.

GROSSBLUMIGE BEETROSEN

›Pristine‹
Duftende, spitzknospige Blüten; rosa angehaucht; bis 1,2 m.

SIE WERDEN AUCH ALS EDELROSEN (Teehybriden) bezeichnet. Der Wuchs ist aufrecht und buschig, die Blüten groß, gefüllt oder stark gefüllt und häufig duftend, einzeln oder in Dreierbüscheln. Die meisten blühen vom Sommer bis zum Herbst, kontinuierlich oder mit kleinen Unterbrechungen. Um die Blühfreude zu fördern, werden verwelkte Blüten entfernt. Außerdem erfolgt jährlich ein starker Rückschnitt *(siehe S. 38)*. Sie eignen sich besonders gut für klassische Rosenbeete und als Schnittblumen. Buschige und besonders stachelige Sorten sind ideal für Hecken.

›Polarstern‹ (›Polar Star‹)
Dunkles, glänzendes Laub und reinweiße, zart duftende Blüten; bis 1 m.

›Warm Wishes‹ 🏆
Dunkelgrünes Laub und pfirsisch-lachsrosa Blüten; starker, süßer Duft; bis 1,1 m.

›Paul Shirville‹ 🏆
Dunkles, glänzendes Laub, zarte, spitzknospige rosa Blüten; breiter Wuchs; bis 1 m.

◀ ALTE SCHÖNHEIT *Die purpur-grauen Blätter und karminrosa Blüten der Wildrose* R. glauca.

›Lovely Lady‹ 🏆
Duftende, spitze, lachsrosa Blüten; glänzendes, mittelgrünes Laub; bis 75 cm.

›Double Delight‹
Süß duftende, runde Blüten. Cremig gelb, mit einem Hauch von Karminrosa.

›Elina‹ 🏆
Dunkles, rot getöntes Laub; duftende, elfenbeinfarbene Blüten mit gelber Mitte; bis 1,1 m.

›Rosemary Harkness‹
Glänzendes, dunkles Laub mit süß duftenden Blüten, orangegelb mit lachsrosa Rand; bis 80 cm.

›Duftwolke‹ (›Fragrant Cloud‹)
Sehr blühwillig; große, stark duftende, korallenrote Blüten; bis 75 cm.

›**Tequila Sunrise**‹ 🏆
Intensiv gelbe Blüten mit scharlachrotem Rand; leicht duftend; offene Form; bis 75 cm.

›**Just Joey**‹ 🏆
Große, duftende, kupferorange Blüten; edle Form; dauerblühend; bis 75 cm.

›**Valencia**‹ 🏆
Große, spitzknospige, stark duftende Blüten; kräftig bernsteingelb; bis 75 cm.

›**Lover's Meeting**‹
Bronzefarbenes Laub; Blüten spitzknospig, duftend, orangerot; bis 75 cm.

WEITERE ROSENSORTEN

DUFTENDE SORTEN

›**Alec's Red**‹ Tief karmin- bis kirschrot

›**Alexandra**‹ Kupferorange auf gelbem Grund

›**Arthur Bell**‹ Gelb bis zitronengelb

›**Chrysler Imperial**‹ Dunkelrot

›**Duftzauber 84**‹ Tief karminrot

›**Golden Lady**‹ Tief goldgelb

›**Indian Summer**‹ Gold-gelb-orange

›**La France**‹ Innen silbrig, außen kräftig rosa

FARBENPRÄCHTIGE SORTEN

›**Alexander**‹ Zinnoberrot

›**Dawn Chorus**‹ Kräftiges Gelb, orange überhaucht

›**Mildred Scheel**‹ (›Deep Secret‹) Kräftiges Karminrot

›**Goldina**‹ Leuchtendes, kräftiges Gelb

›**Ingrid Bergman**‹ Dunkelrot

›**Remember Me**‹ Kupferorange

›**Silver Jubilee Rosa**‹ zartorange überhaucht

›**Solitaire**‹ Gelb mit rosa Rand

BÜSCHELBLÜTIGE BEETROSEN

SIE WERDEN AUCH ALS FLORIBUNDA-ROSEN bezeichnet. Ihr Wuchs ist aufrecht oder buschig, die meist duftenden, einfachen oder halbgefüllten Blüten erscheinen in Büscheln von 3 bis 25 Stück. Die meisten sind öfter blühend: von Sommer bis Frühherbst fast ohne Pause. Das Entfernen verwelkter Blüten *(siehe S. 37)* fördert die Blühwilligkeit. Im Herbst werden die Büsche stark zurückgeschnitten *(siehe S. 39)*. Sie sind anmutiger als die großblumigen Sorten und lassen sich gut mit Begleitpflanzen kombinieren. Viele eignen sich als Schnittblumen.

›Lavaglut‹ (›Intrigue‹)
Purpurgrünes Laub und dunkelrote Blüten; bis 70 cm.

›Jacqueline du Pré‹ 🏆
Halbgefüllte, elfenbeinfarbene Blüte mit Moschusduft; für Hecken geeignet; bis 1,5 m.

›English Miss‹
Büschel blassrosa, kamelienartiger Blüten; unkompliziert, gut für Hecken; bis 75 cm.

›The Queen Elizabeth‹ 🏆
Dunkles, glänzendes Laub; ideal als Schnittblume und mit Begleitpflanzen; bis 2,2 m.

›Escapade‹ 🏆
Duftende, magentarosa Blüten mit weißem Auge; hübsch mit Begleitpflanzen; bis 75 cm.

›Trumpeter‹ 🏆
Große, leuchtend orange Blüten; für Pflanzgefäße und niedrige Hecken; bis 60 cm.

›Sheila's Perfume‹
Duftende, gelbe Blüten mit rotem Rand; als Schnittblume und Heckenpflanze; bis 75 cm.

›Frisia‹ (›Korresia‹)
Duftende, kräftig gelbe Blüten, helles Laub; für Beete und als Schnittblume; bis 75 cm.

›Oranges and Lemons‹
Scharlachrot gestreifte, orange gelbe Blüten; dunkles Laub; für Beete; bis 80 cm.

WEITERE SORTEN

›Amber Queen‹ 🏆 Duftend, bernsteingelb
›Fellowship‹ Tiefes Orangerot
›Goldstein‹ (›Southampton‹) 🏆 Apricot
›Heckenzauber‹ (›Sexy Rexy‹) 🏆 Rosa
›Mariandl‹ (›The Times Rose‹) 🏆 Karminrot
›Mountbatten‹ 🏆 Gelb
›Schneewittchen‹ (›Iceberg‹) 🏆 Reinweiß
›Traumland‹ Reinrosa
›Trier 2000‹ (›Anna Livia‹) Reinrosa

Patio- und Miniaturrosen

›Robin Redbreast‹
Einfache dunkelrote Blüten; weiße Mitte; bis 45 cm.

Patiorosen sind kleine Ausgaben der büschelblütigen Beetrosen. Die einfach- oder halbgefüllten Blüten duften nur selten, blühen dafür aber den ganzen Sommer über. Sie sind ideal für kleine Gärten oder als Kübelpflanze für Hof, Balkon und gepflasterte Flächen. Miniaturrosen sind eine noch kleinere Ausgabe; auch sie blühen ununterbrochen den ganzen Sommer lang. In Kübeln zieren sie kleine Flächen oder dienen als Einfassung von Wegen und Beeten. Sie bleiben mit minimalem Schneideaufwand in Form *(siehe S. 40)*.

›Little White Pet‹ (›White Pet‹) 🏆
Üppige Büschel weißer Blütenrosetten; dunkelrosa Knospen; bis 45 cm.

›Queen Mother‹ 🏆
Dunkelgrünes Laub; Büschel halbgefüllter, hellrosa Blüten; bis 40 cm.

›Baby Maskerade‹ (›Baby Masquerade‹) Büschel kleiner, gelber Rosetten; verblüht rosa und karminrot; bis 40 cm.

›Little Bo-peep‹
Kurze Triebe; halbgefüllte, rosa angehauchte Blüten; dunkles, glänzendes Laub; bis 30 cm.

›Hula Girl‹
Zart duftende, krugförmige, hell orangerosa Blüten; glänzendes Laub; bis 50 cm.

›Anna Ford‹ 🏆
Flache, halbgefüllte, orangerote Blüten mit gelber Mitte; dunkelgrünes Laub; bis 45 cm.

›Orange Meillandina‹ (›Orange Sunblaze‹) Dichter, kompakter Wuchs; kräftig orangerote Blüten; bis 30 cm.

›Sweet Dream‹ 🏆 Stark gefüllte, pfirsichfarbene Blüten über mattgrünem Laub; bis 40 cm.

›Fire Princess‹ Rosettenförmige, scharlachrote Blüten über glänzend dunkelgrünem Laub; bis 45 cm.

›Festival‹ Karmin- bis scharlachrote Blüten; Unterseite der Petalen silbern angehaucht; bis 60 cm.

›Boys' Brigade‹ Büschel leicht duftender, winziger roter Blüten mit rahmweißem Auge; bis 45 cm.

WEITERE SORTEN

›Alberich‹ Tiefes Karmesinrot
›Amulett‹ Kräftig rosa
›Babyflor‹ Silbrig rosa
›De Meaux‹ Zartrosa
›Guletta‹ Zitronengelb
›International Herald Tribune‹ Violett, gelbe Mitte
›Pan‹ Orange-gelb gestreift
›Pink Symphonie‹ Hellrosa
›Sun Hit‹ Reines Gelb
›Sweet Magic‹ 🏆 Apricot-orange
›Top Marks‹ Leuchtend orangerot

BODENDECKER-ROSEN

›**Swany**‹ 🏆
Breit wachsend; viele gefüllte, weiße Blüten; bis 75 cm.

SIE ZEICHNEN SICH DURCH DICHTEN WUCHS und kleine Blätter aus. Einige Sorten wie ›Kent‹ und ›Hertfordshire‹ wachsen überhängend und in die Breite, andere wie ›Heiderösleinn‹ kriechen und bilden dabei neue Wurzeln. Die meisten duften nicht, blühen aber den ganzen Sommer. Oft hängen die Zweige übervoll mit Büscheln einfacher bis halbgefüllter Blüten. Man kann sie über Mauern herabhängen oder in Beeten und auf Böschungen wuchern lassen. Sie benötigen einen leichten Schnitt *(siehe S. 40)*, sind unkompliziert und leicht zu pflegen.

›**Schneeflocke**‹ (›White Flower Carpet‹) Dichter Wuchs; glänzendes Laub; gefüllte, elfenbeinfarbene Blüten; bis 60 cm.

›**Kent**‹
Breitbuschiger Wuchs; halbgefüllte, weiße Blüten in Büscheln; bis 45 cm.

›**Heidekönigin**‹ (›Pheasant‹)
Flacher, kriechender Wuchs; reichlich rosarote Blüten in Büscheln; bis 50 cm.

›**Medusa**‹ (›Flower Carpet‹) 🏆
Dichter, breiter Wuchs; Büschel rosaroter Blüten; bis 45 cm.

›**Hertfordshire**‹
Dicht und üppig blühend; einfache, karminrosa Blüten; bis 45 cm.

›**Cambridgeshire**‹
Halbgefüllte Blüten in Gold-, Rosa- und Scharlachtönen; bis 45 cm.

›**Heideröslein**‹ (›Nozomi‹) 🏆
Hängender Wuchs; blassrosa Blüten im Sommer; einmal blühend; bis 45 cm.

WEITERE ROSENSORTEN

›**Ballerina**‹ Karmesinrosa, aufhellend

›**Bassino**‹ (›Suffolk‹) Leuchtend blutrot, gelbe Staubgefäße

›**Bonica**‹ 🏆 Rosarot

›**Cassandra**‹ Leuchtend rot

›**Eye Appeal**‹ Dunkelrot mit gelbem Auge

›**Foxi**‹ 🏆 Rosarot

›**Gentle Cover**‹ (›Magic Carpet‹) Rosaviolett

›**Knirps**‹ Tiefes Rosarot

›**La Sevillana**‹ Scharlachrot

›**Max Graf**‹ Rosa

›**Pink Bells**‹ Reinrosa

›**Rosy Pillow**‹ 🏆 Dunkelrosa, helle Mitte

›**Schneesturm**‹ (›Blenheim‹) Weiß

›**Sommermärchen**‹ (›Berkshire‹) Leuchtendes Kirschrot, gelbe Staubgefäße

›**Sommerwind**‹ (›Surrey‹) 🏆 Leuchtend reinrosa

›**Sonnenschirm**‹ (›Broadlands‹) Sonnengelb

›**Sun Cover**‹ (›Gwent‹) Zitronengelb

ALTE ROSEN UND WILDROSEN

›**Madame Sancy de Parabère**‹ Blüht im Frühsommer; bis 5 m.

ALTE ROSEN EUROPÄISCHER Herkunft werden seit Jahrhunderten gezüchtet. Die meisten blühen im Hochsommer – nur einmal, aber sehr prächtig. Sie werden wegen ihres herrlichen Duftes, der zauberhaften Blüten und ihrer besonderen Farben geschätzt, die im Laufe der Jahre ganz charakteristische Tönungen annehmen. Alte Rosen sind für gemischte Rabatten genauso geeignet wie als Einzelexemplare. Wildrosen und ihre Abkömmlinge sind meist einmal bühend mit einfachen oder halbgefüllten Blüten. Sie sind ideal für naturnahe Gärten.

›**Boule de Neige**‹
Duftende zartrosa Knospen; weiße Blüten; dauerblühend; bis 1,5 m.

›**Dupontii**‹
Einfache, duftende, rahmweiße Blüten im Hochsommer; einmal blühend; bis 2,2 m.

›**Frau Karl Druschki**‹
Wuchsfreudig; milchweiße Blüten im Sommer; öfter blühend; bis 1,5 m.

›**Stanwell Perpetual**‹
Duftende zartrosa Blüten; öfter blühend; bis 1 m.

›**Félicité Parmentier**‹ 🏆
Duftende, rahmweiße bis blassrosa Blüten im Hochsommer; einmal blühend; bis 1,2 m.

›**Great Maiden's Blush**‹
Stark duftend; viele reinrosa Blüten im Hochsommer; einmal blühend; bis 2 m.

R. rubiginosa ♕
Laub nach Apfel duftend; rosa Blüten im Hochsommer; einmal blühend; bis 2,5 m.

R. x *centifolia* ›Muscosa‹ ♕
Bemooste Zweige; duftende, schalenförmige rosa Blüte; einmal blühend; bis 1,5 m.

***R. gallica* var. *officinalis* ›Versicolor‹** ♕
Zartrosa, rotgestreifte Blüten im Sommer; bis 80 cm.

›Président de Sèze‹ ♕
Duftende, stark gefüllte lila-rosa Blüten im Sommer; dicht gefüllt; bis 1,2 m.

›Paul Neyron‹
Im Sommer duftende, karminrosa Blüten; remontierend; bis 1,5 m.

›Bourbon Queen‹
Duftende Blüten in kräftigem Rosa im Sommer; remontierend; bis 2,5 m.

›Salet‹
Duftende, reinrosa Blüten im Sommer; öfter und verschwenderisch blühend; bis 1,2 m.

›Duc de Guiche‹ 🏆
Karminrote Blüten, duftend und stark gefüllt; einmal im Sommer blühend; bis 1,2 m.

›Geranium‹ 🏆
Einfache, leuchtend rote Blüten im Sommer; flaschenförmige Hagebutten; bis 2,5 m.

›Empereur du Maroc‹
Im Sommer duftende, tief karminrote Blüten; dauerblühend; bis 1,2 m.

›Baron Girod de l'Ain‹
Duftende, karminrote Blüten mit weißen Rändern; remontierend; bis 1,2 m.

R. moschata
Einfache weiße Blüten mit Moschusduft im Sommer; orange Hagebutten; bis 3 m.

›Golden Chersonese‹
Im Spätfrühling Girlanden kleiner goldgelber Blüten über farnartigem Laub; bis 2,3 m.

›Reine des Violettes‹
Duftende, lila-purpurrote Blüten im Sommer; öfter blühend; bis 2 m.

WEITERE SORTEN

›Belle de Crécy‹ 🏆 Duftend, kirschrot, später purpur
›Cardinal de Richelieu‹ 🏆 Duftend, purpur-weinrot
›Charles de Mills‹ Duftend, karminrot-violett
›Du Maître de l'Ecole‹ 🏆 Purpurfarben, violett-rosa
›Complicata‹ 🏆 Leuchtend rosa Blüten, helle Mitte
R. glauca 🏆 Purpur-graues Laub, kräftig rosa Blüten
›Zéphirine Drouhin‹ 🏆 Duftend, dunkelrosa

STRAUCHROSEN

›Graham Thomas‹ 🏆
Im Sommer duftende, gelbe Blüten; bis 1,2 m.

STRAUCHROSEN SIND SEHR vielseitig, meist größer als Beetrosen und häufig mit vielen Stacheln. Die Blüten können einfach bis stark gefüllt sein und stehen einzeln oder in Büscheln. Die meisten Strauchrosen stammen aus dem 20. Jahrhundert. Sie wachsen nicht so ordentlich wie die großblumigen Beetrosen und werden weniger stark geschnitten. *(siehe S. 42 f.)*. Sie sind als Einzelexemplare genauso geeignet wie für gemischte Rabatten, und viele robuste, dichte Sorten können als Hecke oder Einfassung verwendet werden.

›Many Happy Returns‹ 🏆
Duftende, halbgefüllte, blassrosa Blüten in Büscheln; blüht im Sommer; bis 75 cm.

›Constance Spry‹ 🏆
Stark gefüllte rosa Blüten mit Myrrheduft vom Früh- bis zum Hochsommer; bis 2 m.

›Roseraie de L'Hay‹ 🏆
Duftende, gefüllte, magentafarbene Blüten; knittriges Laub; bis 2,2 m.

›Armada‹
Duftende, halbgefüllte, dunkelrosa Blüten im Sommer; glänzendes Laub; bis 1,5 m.

›Sally Holmes‹ 🏆
Große Büschel duftender, einfacher, rahmweißer Blüten im Sommer; bis 2 m.

WEITERE SORTEN

›Abraham Darby‹ Duftende, aprikosenfarbene Blüten; dauerblühend

›Ballerina‹ 🏆 Einfache blassrosa Blüten mit weißem Auge; dauerblühend

›Gertrude Jekyll‹ 🏆 Duftende, kräftig rosa Blüten; öfter blühend

›Golden Wings‹ 🏆 Einfache, duftende, blassgelbe Blüten

›L. D. Braithwaite‹ Duftende, scharlachrote Blüten; öfter blühend

KLETTERROSEN

›**Dublin Bay**‹ ♕
Im Sommer dunkelrote Blüten über dunklem Laub; bis 2,2 m.

KLETTERROSEN können an Mauern, Spalieren, Zäunen und Pfählen hochgezogen werden. Die meisten von ihnen sind öfter blühend. Die Blüten erscheinen einzeln oder in Büscheln; Farbe und Form variieren sehr stark. Viele dieser Rosen duften. Kletterrosen wachsen steif und aufrecht; die meisten ihrer Blüten treiben sie an Seitentrieben vom alten Holz. Sie sollten in jungen Jahren sorgfältig gezogen werden *(siehe S. 46 f.)*, sonst wachsen sie so rasch in die Höhe, dass die Blüten über Augen- und Nasenhöhe liegen.

›**Mermaid**‹ ♕
Im Sommer einfache, zartgelbe Blüten mit goldenen Staubgefäßen; bis 6 m.

›**Händel**‹ (›Handel‹) ♕
Steif-aufrechter Wuchs; rahmweiße Blüten mit magentafarbenen Rändern; bis 3 m.

›**Aloha**‹
Im Sommer süß duftende, rosarote und lachsrosa Blüten; öfter blühend; bis 3 m.

›**Compassion**‹ ♕
Duftende, lachsrosa Blüten, aprikosenfarben überhaucht; dauerblühend; bis 3 m.

›**Bantry Bay**‹
Halbgefüllte, zart duftende, haltbare Blüten im Sommer; klares, helles Rosa; bis 4 m.

›**Summer Wine**‹ ♕
Steif-aufrechter Wuchs; trägt im Sommer einfache, korallenrote Blüten; bis 3 m.

›Dortmund‹
Im Sommer üppige Büschel einfacher roter Blüten mit weißem Auge; bis 3 m.

›Danse du Feu‹
Gefüllte, ziegel-orangerote Blüten über glänzendem, sattgrünem Laub; bis 2,5 m.

›Sympathie‹
Glänzendes Laub mit stark gefüllten, tiefroten Blüten; öfter blühend; bis 3 m.

›Golden Showers‹ 🏆
Duftende, gefüllte reingelbe Blüten in Büscheln; dauerblühend; bis 3 m.

›Laura Ford‹ 🏆
Aufrecht mit süß duftenden, stark gefüllten gelben Blüten im Sommer; bis 2,2 m.

WEITERE SORTEN

›Dukat‹ Duftende, goldgelbe Blüten

›Lady Waterlow‹ Stark duftend; zartes Lachsrosa

›Lawinia‹ (›Lavinia‹) Duftende, große, gefüllte rosa Blüten

›Maigelb‹ Duftend, goldgelb-kupfrig

›Rosy Mantle‹ Duftend, rosa bis lachsrosa

›Royal Gold‹ Gefüllte, goldgelbe Blüten, dauerblühend

›Warm Welcome‹ 🏆 Halbgefüllt, dunkles Orange

SCHLINGROSEN

›Albertine‹ ♀
Duftende, lachsrosa Blüten im Sommer; bis 5 m.

IM GEGENSATZ ZU DEN KLETTERROSEN treiben diese Sorten jährlich von unten lange, weiche Triebe und tragen einmal im Sommer eine überwältigende Blütenfülle. Viele sind sehr wuchsfreudig; sie klettern gut in Bäume und sind für Pergolen geeignet, die unansehnliche Gartenhäuschen verdecken sollen. Die flexiblen Triebe können auch um Seile gewunden werden. Da sie etwas anfällig für Mehltau sind, brauchen sie einen gut belüfteten Platz; deshalb sollte man sie niemals direkt an eine Mauer setzen, sondern ausreichend Abstand einhalten.

›Sanders White Rambler‹
(›Sanders' White Rambler‹) ♀
Stark gefüllte weiße Blüten in großen Büscheln; bis 4 m.

›New Dawn‹ ♀
Zartrosa angehauchte, gefüllte Blüten den ganzen Sommer über; bis 3 m.

›Félicité et Perpétue‹
Viele kleine, stark gefüllte, rosa überhauchte Blüten im Hochsommer; bis 5 m.

›**Blush Rambler**‹
Dichte Büschel halbgefüllter, blassrosafarbener Blüten im Spätsommer; bis 4 m.

›**François Juranville**‹ 🏆
Im Sommer rosettenförmige lachsrosa Blüte, die nach Äpfeln duftet; bis 6 m.

›**Seagull**‹ 🏆
Girlanden einfacher, weißer Blüten mit goldenen Staubgefäßen im Hochsommer; bis 6 m.

›**Crimson Shower**‹ 🏆
Den ganzen Sommer über Kaskaden gefüllter, karminroter Blüten; bis 2,5 m.

›**Easlea's Golden Rambler**‹
Kleine Büschel duftender, aprikosengelber Blüten mit roten Sprenkeln; bis 6 m.

WEITERE SORTEN

›**Adelaide d'Orleans**‹ (Adélaïde d'Orléans) 🏆 Leicht duftend, gefüllt, rahmweiß mit rosa Hauch

›**Bleu Magenta**‹ 🏆 Gefüllt; purpurne Blüten

›**Paul's Himalayan Musk**‹ 🏆 Kleine, gefüllte lavendelrosa Blüten in Büscheln

›**Phyllis Bide**‹ 🏆 Kleine, gefüllte Blüten; cremegelb mit rosa

›**Wedding Day**‹ Einfache, rahmweiße Blüten mit Fruchtduft

REGISTER

Auf den Handelsnamen folgt fettgedruckt der eingetragene Name, evtl. zusätzlich in Klammern der englische Handelsname. Kursive Seitenzahlen verweisen auf Abbildungen.

DANK

Bildrecherche Neale Chamberlain, Sam Ruston

Register Hilary Bird

Dorling Kindersley bedankt sich außerdem bei: Susanne Mitchell, Karen Wilson und Barbara Haynes von der RHS, Vincent Square.

Wenn Sie mehr über die Arbeit der **Royal Horticultural Society** wissen wollen, besuchen Sie die RHS im Internet unter **www.rhs.org.uk** Die Website enthält Informationen über Veranstaltungen in ganz Großbritannien, eine Datenbank, internationale Pflanzenlisten, Ergebnisse von Pflanzentests und Informationen zur Mitgliedschaft.

Der Verlag bedankt sich bei den folgenden Personen und Organisationen für die freundliche Genehmigung zum Abdruck ihrer Fotos: (Schlüssel: l = links, r = rechts, u = unten, m = Mitte, o = oben)
Botanical Collection: 66ml. **Neil Campbell-Sharp:** Titelseite mlo, 19or, 20ur, 21or, 57ml, 69om. **Eric Crichton Photos:** 8u, 16u, 18ur, 21ol, 23or, 24u, 61ol, 65mr. **Garden-Picture Library John Clover** 61ml. **John Clover:** Umschlagrückseite mo, 6, 7ul, 9ur,14ur, 15o, 26ml, 27o, 52, 59um. **Jerry Harpur:** 9ol, 14ul, 17ol, 26ur. **Andrew Lawson:** Titelseite mlu, 18ul, 20ul, 25ur. **Clive Nichols:** Wollerton Old Hall, **Shropshire:** 24ol. Photos Horticultural: 22ur. **Howard Rice:** 2, 10u, 19ol. **Harry Smith Collection:** 13o.